노을에 비친

작은 그리움

노을에 비친 작은 그리움

초판 1쇄 발행 2025년 4월 11일

지은이 조규철
펴낸이 장길수
펴낸곳 지식과감성#
출판등록 제2012-000081호

교정 이주연
디자인 정윤솔
편집 정윤솔
검수 이주희, 이현
마케팅 김윤길

주소 서울시 금천구 벚꽃로298 대륭포스트타워6차 1212호
전화 070-4651-3730~4
팩스 070-4325-7006
이메일 ksbookup@naver.com
홈페이지 www.knsbookup.com

ISBN 979-11-392-2524-2(03810)
값 17,000원

- 이 책의 판권은 지은이에게 있습니다.
- 이 책 내용의 전부 또는 일부를 재사용하려면 반드시 지은이의 서면 동의를 받아야 합니다.
- 잘못된 책은 구입하신 곳에서 바꾸어 드립니다.

지식과감성#
홈페이지 바로가기

노을에 비친
작은 그리움

조규철 지음

목차

1. 옹기종기 모인 초가지붕 　　7
2. 개구쟁이가 모인 큰 마당 　　89
3. 꾸러기 교실과 운동장 　　173
4. 뜨거운 갯벌과 가설극장 　　235
5. 못다 한 이야기 　　257

1. 옹기종기 모인 초가지붕

언젠가 죽는다는 것을 생각하는 것은
잃을 것이 없다는 것을 깨우치는 방법이다.

- 스티브 잡스 -

아름다운 고딕식 뾰족 성당

  동네 한편에는 크고 작은 고목들이 울창한 작은 동산이 자리 잡고 있어서 해가 지는 때는 서편에 멀리 보이는 바다도 가까이 내려다보인다. 그 가운데 오래된 까만 뾰족 지붕의 오래된 성당은 동네 아이들의 천국이다.

  학교만 갔다 오면 책 보따리를 내려놓기 무섭게 성당의 마당으로 달려간다. 거기에 모인 남아는 남자끼리 그리고 여아는 여자끼리 이리저리 뛰어다니면서 큰 웃음으로 조용하고 거룩한 성당을 떠들썩하게 만든다.

  그러면 코가 유난히 높고 하얀 얼굴에 턱수염이 덥수룩하게 난 미국 사람이신 신부님이 항상 온화한 미소를 지으면서 이들을 지켜보곤 한다.

  남자아이들에게는 새끼줄을 여러 차례 둥글게 얽어매서 만든 둥글고 엉성한 공 대신에 미국에서 가져온 팽팽하게 공기가 가득 차서 통통 아주 잘 튀는 진짜 고무공을 내어주신다.

  그리고 여자아이들에게는 귀한 까맣고 아주 긴 고무줄을 주어서 다리나 허리에 감고 가벼운 몸짓으로 마음대로 하늘을 향해 즐겁게 뛰며 고무줄놀이를 할 수 있게 해 준다.

  그러면 동네 아이들은 하느님이 계신 천국은 어디인지 잘 알 수 없으나 이곳이 바로 천국이라고 생각하며 즐거워한다.

  그리고 신부님은 학교에서 성적표가 나오면 반에서 10등 안에 들거나 공부를 잘하는 개구쟁이들을 빨간 벽돌로 지어진 동네에서 유일한 건물인 성당의 2층 집으로 초대한다.

처음으로 들어가 본 신부님이 거주하시는 사제관 2층 거실은 여러 가지 신기한 장식물이 가득하다. 그리고 한편에 웅장한 벽난로(페치카)가 따뜻한 온기를 더해 주면서 잔뜩 긴장한 마음을 아늑하게 녹여 준다. 온통 생소하고 낯선 화려한 응접실에 앉아서 어리둥절한 모습으로 사방을 두리번거리면서 아이는 신기한 눈빛을 내고 있다.

곧이어 전에는 한 번도 보지 못한, 이상하게 생겼으나 맛이 달콤해서 황홀하고 바삭바삭한 '비스킷'을 담은 접시를 하나씩 내어준다. 그리고 빨간색과 파란색 등 다섯 가지 색깔의 동그란 구슬로 예쁘게 만들어진 어린이용 '묵주'를 선물로 주신다.

아이는 그 미국인 신부님을 통하여 '사람이 사람을 진정 사랑하는 것이 어떤 것인지?'를 어렴풋이 처음으로 알게 된다. 이후 항상 그때를 그리워하면서 그 신부님을 잊지 못한다.

아하~ 그렇다!

아이에게 인생의 커다란 모토로서 삶의 의미를 깊게 새겨 주신 것에 대하여 항상 고맙게 생각한다. 특히 인생의 앞길이 어두워져서 헤매게 될 때마다 반짝이는 등대가 되어서 자신을 바르게 이끌어 주고 다독여 주기도 한다.

아카시아꽃 향기 가득한 동네

　동네에는 유서 깊은 명물이면서 종교적 신앙을 아이의 마음에 깊게 심어 주고 활짝 열어 준 아주 오래된 천주교 성당이 있다.
　성당 경내의 바다 쪽 언덕 비탈에는 아주 오래전 천주교를 박해하던 관가를 피하여 몰래 숨어서 미사를 지내던 작은 동굴도 있다. 그래서 신자들은 특별한 날이 되면 거기에 모여서 합장하여 기도하고 마음을 모은다.
　그곳을 비롯한 성당 주변에는 고목이 된 키 큰 나무가 빼곡한데 특히 굵직한 '아카시아'나무가 많아서 때가 되면 향기롭고 달콤한 아카시아 향이 온 성당을 에워싼다.
　그러나 멀리 보이는 시원한 바다를 바라볼 때는 많은 아까시나무가 앞을 가려서 눈엣가시가 된다. 하지만 항상 깊은 푸르름을 만들어 내고 한철에는 꽃향기를 품어 내서 너무나 좋은 곳이다.
　더구나 아카시아꽃이 활짝 피는 5월에는 순백의 하얀 꽃이 옆에서 함께 이웃하며 줄지은 파란 잎들과 어울려 키를 재면서 밝은 미소를 짓는다.
　코끝을 맴도는 향긋한 이 꿀 내음은 벌들을 불러오고 동네 아이들도 놀러 오라며 반갑게 유혹하는 손짓을 한다. 이 은은한 아카시아꽃 향기는 결국 폐부까지 깊이 내려와서 안락하고 평온한 작은 영혼을 마구 깨운다.
　이처럼 아카시아 향은 언제나 성당의 경내를 찾는 사람들의 코끝에서 늘 향기롭게 피어나는 것이다. 그렇게 성당에 오르는 동네 아이들은 이 향긋함과 은은한 상쾌함으로 유혹당하면서 즐겁게 함께 자란다.

그러나 외국 신부님 다음으로 부임하여 오신 한국 신부님은 무리하게 성당을 유원지화하려는 계획을 독단적으로 추진한다.

그러면서 성당의 경내에 관광객이 잠을 잘 수 있는 숙소를 짓는다며 그 건축 비용을 충당하기 위해 많은 나무를 베어 내어서 판다. 그리하여 그렇게 아름답던 성당의 풍경이 그만 듬성듬성 이가 빠진 못생긴 얼굴처럼 흉하게 변하고 만다.

더구나 동네 아이들이 예전처럼 즐거운 마음으로 성당에 모이면 새로 부임한 그 신부님은 "아나, 아이들아~ 이리 와서 여기 풀 좀 뽑아라."라고 하면서 부른다.

아니면 "성당에 오르는 흙길을 비로 쓸어라." 하면서 하기 싫은 일을 시키는 것이다.

점차 동네 아이들은 성당에서 어울리며 재미있게 놀던 즐거움을 포기하고 하나씩 성당을 떠난다. 이렇게 신부님 한 분의 생각 차이로 성당은 동네 아이들의 천국이었던 곳에서 저 멀리 멀어져 아주 썰렁한 곳으로 변하여 간다.

한편 학교에 이르는 흙길이지만 그래도 널찍한 신작로의 양쪽 가에도 아카시아꽃이 하얗게 줄지어 펴 있다. 아카시아꽃은 하굣길의 동네 아이들을 반기고 함께 노닐면서 밝은 햇살을 맞는다.

학교에서 집에 오는 머슴아이들은 나무에 성큼성큼 올라가서 달콤한 한 줄기 꽃을 손으로 움켜쥐고 주~욱 훑어 바로 입에 넣고 씹는다. 이내 달콤함이 얼굴로 퍼지면서 입은 귀에 걸리고 밝은 미소를 띠다가 점차 하회탈을 닮아 간다.

더러는 손으로 한 아름 딴 아카시아꽃을 책보에 마구잡이로 집어넣고는 나무에서 내려온다. 그런 후 여럿이 모여 집으로 향하면서 입에 넣고 '우걱우걱' 씹으며 달콤한 꿀맛을 보기도 한다.

   싱싱한 계절인 5월의 봄이 되면 가까이 다가오는 아카시아꽃이 푸르름과 싱싱한 맛을 가득 주는 자연 비타민이다. 그래서 언제나 향긋한 향으로 흥분하는 하얀 아카시아꽃은 입에 침이 고이게 하고 자꾸만 그 예쁜 모습을 바라보게 한다.

끝을 맺기를 처음같이 하면 실패가 없다.

- 노자 -

안방 벽에 걸린 미역 줄기

 그 아이가 태어난 집은 초가집이지만 네모진 '미음' 자 모양으로 안채에 속한다. 그리고 한쪽 면은 바깥채로서 대문을 다르게 한 일명 '돼지'네가 살고 있는 집이다. 그러니까 나머지 '디귿' 자의 모양이 되는 안채가 바로 아이가 태어나서 사는 집이다.
 집에는 방이 세 개이고 안방과 건넛방 사이 가운데에는 아주 두꺼운 나무로 만들어진 대청마루가 넓게 있어 여름에 무척 시원하다. 엄마가 매일매일 걸레로 청소하는 곳이기도 하여서 항상 반들반들하게 빛이 난다.
 또한 대문과 안채 사이에는 '안마당'이 있고 가운데에는 둥그렇고 작은 화단이 있다. 그곳에는 이런저런 꽃들이 자라고 있고 그중 빨간 봉숭아 꽃은 예쁘게 피었다가 오랫동안 누나들의 손톱을 물들이곤 한다.
 부엌 뒷문으로 나가면 집의 뒤편으로 긴 돌담이 둘러 있고 그 담 안쪽에는 큰 돌로 예쁘게 쌓아서 만든 어머니가 가장 아끼고 정성을 다하는 장독대가 있다.
 그 옆에는 오래된 석류나무 한 그루가 장독대를 항상 멀끔히 바라보고 서 있다. 나뭇가지 마디마디마다 껍질을 여러 갈래로 쩍 벌리고 반짝거리는 뻘건 알갱이를 줄지어서 자랑한다. 그러니까 수북하게 어깨를 맞대고 줄지어 앉아서 이를 쳐다보는 이의 입에 침이 고이게 하면서 밝게 웃고 있다.
 이 장독대는 안방 뒷문을 열어도 훤히 보여서 더운 여름철에는 항상 눈 안에서 떠나지 않는다.

어느 해의 저녁에 별안간 방 안 한구석에 멀쩡히 걸려 있던 한 줌의 미역 줄기가 방바닥에 '툭' 하고 떨어진다. 이 귀한 미역 줄기는 산후에 어머니가 먹기 위해서 몇 주 전부터 미리 준비해 둔 것이다.

그래서 만삭인 어머니가 이를 다시 걸려고 하는 차에 산통이 찾아와 얼마 후에 아이가 맏형님 한 분과 세 누님을 앞에 두고 세상에 나온다.

그리고 그날은 아버지의 생신보다 조금 늦은 후로 기온이 한참 내려가 매섭게 추운 동지섣달이다. 그래서 음식 보관이 대체로 쉬웠고 그 덕분에 냉장고도 없던 시절이지만 생일 차림에 소고기미역국을 매번 먹을 수 있는 행운도 함께 얻는다. 아버지 생신날의 국거리를 조금 남겼다가 곧이어 찾아오는 작은 아들의 생일 국을 끓일 때 쓰는 것이다.

아이가 세상의 말들을 조금씩 알게 될 때쯤 누나들이 신기하다고 하면서 이런 이야기를 전해 주어서 그 사실을 알게 된다.

인생은 곱셈이라서 어떤 찬스가 와도
내가 '제로'면 아무런 의미가 없다.
- 나카무라 미츠루 -

✦ 누나 등에서 투정하는 아기 ✦

이제 막 돌이 지난 아이는 큰누나의 등에 포대기로 쌓인 채 윗말과 아랫말을 가르는 하나뿐인 신작로에 있는 구멍가게 앞을 지나간다.

구멍가게에는 이런저런 사람들의 관심을 끄는 물건들이 형형색색 진열되어 있어서 지나가는 사람들의 눈길을 끈다.

그런데 이때 갑자기 아기는 등을 뒤로 젖히고 두 발로 누나를 차면서 불만스러운 듯 마구 작은 몸을 뒤튼다.

그곳이 아기들이 좋아하는 주전부리를 파는 곳인지를 어찌 아는지 연신 가게 안의 과자를 손으로 가리키면서 달라고 떼(땡깡)를 쓰는 것이다.

이때 마침 가게에서 막걸리를 한 대접 막 기울이던 동네 어르신이 이를 보고 크게 웃음을 지으면서 진열대에 있던 과자 한 봉을 얼른 집어다 아이에게 준다.

그러자 아이는 과자를 손에 꼭 쥐고 좋다고 신이 나서 발로 누나의 양 옆구리를 또다시 연신 이리저리 차 댄다. 그렇게 등에 업힌 아이는 눈을 반달로 뜨고 입가에 미소를 가득 담고서는 어쩔 줄 몰라 과자에 얼른 입을 대고 먹는 시늉을 한다.

누나도 이내 어른들에게 고맙다는 마음을 담아서 고개를 깊숙이 숙여 진심으로 인사를 한다.

그러자 막걸리를 한잔하여 얼큰하게 취한 그 어르신은 "그놈 참!! 예쁘고 고집스럽게 생겼네. 나중에 크면 한자리하겠네!" 하면서 활짝 웃으며 박장대소한다.

이 아이는 머리가 둥글넓적한데 성격이 온순하여 반듯하게 누워만 있어서 그런지 뒷머리가 특히 납작하다. 그래서 어린 시절에는 동네 친구들이 '맷돌'이라고 별명을 짓고 놀리기도 한다.

어느 명절날 만난 큰누나가 지난 기억을 더듬으면서 이런 유아 시절의 이야기를 어제의 일처럼 너스레를 떨며 이야기한다.

그러자 아이도 빙그레 웃음을 지으며 자세히 알 수 없는 자신의 유아 시절에 대하여 넌지시 알게 되고 관심도 생겨서 여러 가지를 묻기도 한다.

행복은 사방 천지에 있고,
그것은 생명력이 무척 강한 풀과도 같다.
- 박웅현 《여덟 단어》 -

◆ 등 굽은 등잔대와 누나 책상 ◆

　저녁이 되자 아이는 평상시 아버지의 자리인 따뜻한 아랫목의 이부자리로 슬며시 파고든다. 이를 본 아버지는 무덤덤하게 자리를 양보하면서 한 말씀을 하신다.
　"밤이 되면 저 위 산에 있던 호랑이가 마을로 내려와서 집 안방의 가장 가운데에 누워서 자는 사람을 제일 먼저 물어 간다."
　그러자 아이는 아버지 옆의 가장자리로 얼른 자리를 옮겨 이불을 머리까지 올려 감춘다. 그러면서 "아이구~ 무서워." 하면서 작은 목소리로 꼬리를 내린다.
　이를 본 아버지는 방 안의 화롯불 주위에 앉아 있던 어머니와 누나와 눈을 맞추며 빙그레 웃는다.
　한편 안방과 미닫이로 나누어진 윗방에는 방바닥에 낮게 앉아 있는 꽤 오래되고 새카만 나무 책상이 있다. 중학교에 다니던 누나들이 공부할 때마다 늘 이용하던 아주 소중한 것으로 애정이 잔뜩 배어서 한 자리를 떡하니 차지하는 것이다.
　그 책상의 길이와 아이의 키가 비슷하여 아이는 가끔 '그 책상에 올라가서 잠자면 좋을 텐데.' 하고 생각한다.
　그러던 어느 추운 겨울날 아이는 그 책상 위에 이부자리를 펴고 과감히 눕는다. 이를 본 누나는 "떨어지면 어쩔 것이냐?" 걱정하면서도 강제로 말리려 하지 않는다.
　아이는 살짝 긴장되고 떨리는 기분이지만 한편으로 설레는 마음으로 오지 않는 잠을 청한다. 그러나 아침에 일어나 보니 아니나 다를까? 방바닥으로 떨어져서 이불을 가슴에 안고 남은 잠을 뒹굴며 자고 있다.

어린 개구쟁이 아이는 침대를 한 번도 본 적이 없지만 방바닥보다는 조금이라도 높은 곳에서 자면 좋다는 생각으로 장난기가 발동한 것이다.

한편 해가 지면 집마다 어두운 방을 밝혀 주는 등불을 켠다. 안방에는 할머니 등처럼 구부러지고 기름때가 묻어서 반들대는 거무스름한 나무 등잔대에 등잔이 올려져 있다.

염소 기름인 하얀 기름 덩어리를 담은 작은 사기그릇(종재기)에 짧은 심지를 비스듬히 올려놓고 심지에 불을 붙여서 방 안을 밝힌다. 그러니까 양(염소) 기름으로 촛불처럼 등불을 만들어서 이용하는데 이는 등유나 양초를 사야 하는 돈을 아끼기 위한 것이다.

그런데 이 등불은 밝기가 좀 흐리고 구수한 고기가 타는 냄새가 온통 방 안에 퍼지는 흠이 있다. 그러나 등잔에 사용하는 등유가 부족하거나 모두 떨어지면 대신 고체가 된 양 기름을 구해서 녹여 가면서 등불로 사용하는 지혜인 것이다.

보통의 가정에는 일반적으로 등잔대의 한 부분에 사기(유기)로 만든 작고 둥글고 그 가운데가 조금 튀어나온 뚜껑이 달린 용기가 올려져 있다. 그 용기 안에는 면실로 만들어진 '심지'라는 것을 달고 있어서 그곳으로 용기 안에 있는 기름을 공급해서 불을 태워 불꽃을 낸다.

그러면 빨간 불이 방 안 천장을 향해 살랑살랑 몸을 흔들며 어두운 방을 조금 훤하게 밝힌다. 옛말인 '형설의 공'이라는 귀한 말을 떠올리게도 하는 이처럼 귀한 불빛은 농촌의 어둠을 짧게 하곤 한다.

그렇게 안방과 윗방에 있던 양 기름 등잔과 오래된 검은 나무 책상은 언제나 고향집이라는 말속에 숨어 있다가 삐죽삐죽 얼굴을 내밀며 슬그머니 웃음 짓게 한다.

그 후에 나온 병처럼 생긴 투명한 유리의 남포와 등잔이 합하여진 '남포등'이라는 등불이 등장한다. 그리하여 보다 밝고 환한 밤을 맞이하고 편하게 공부하고 책도 잘 볼 수 있게 된다.

오늘은 주제넘고 배은망덕하고, 정직하지 못하며,
시기심이 많고, 사교성이 없는 사람과 만나게 될 거라고
매일 아침 자신에게 말하라.
- 마르쿠스 아우렐리우스 《자성록》 -

벽에 걸린 네모진 스피커

 어느 날 아이가 밖에서 신나게 놀고 난 후 점심밥을 먹으러 집으로 들어가니까 큰누나가 손을 다짜고짜 끌고 안방으로 들어간다. 그리고 이내 손으로 안방의 벽을 가리키면서 "오늘 우리 집도 스피커를 달았다."라며 상기되어서 말한다.
 "저게 뭔데?" 하니까 "저기에서 노래도 나오고 연속극도 나온다." 하면서 흥분한 목소리로 톤을 높인다.
 그것은 가로 20센티, 세로 30센티가량의 나무로 만들어진 네모진 작은 상자의 모양인데 그 가운데에는 방패연의 바람구멍과 같이 크지 않은 둥그런 모양의 구멍이 나 있다. 그곳은 체크무늬의 천으로 가려져 있고 그 우측 아래쪽에는 소리의 크기를 조절하는 작은 단추 모양의 다이얼이 둥글게 튀어나와 있다.
 일종의 종합 방송실과 같은 방송 관련 시설을 동네 박 아무개의 집 작은방 한편에 세를 얻어 설치했다.
 동네의 각각 집에서 스피커 설치를 요청하면 유선을 연결하여 스피커 한 대씩 달아 주고 가을철에 추수가 끝나면 일정한 양의 쌀로 사용료를 가져간다. 이는 현금이 거의 없는 농촌인 동네에서는 모두 쌀로써 방송 청취료를 내는 방식이다.
 그래서 부잣집에만 가지고 있던 귀한 '트랜지스터' 라디오를 아이네도 하나 가지게 된 것이다.
 이 스피커는 집안의 보물과 같이 취급되고 정해진 시간에 여기에서 나오는 연속극은 모든 식구의 관심거리이다. 아울러 연속극의 이야기는 항상 동네에서도 가장 뜨거운 대화의 중심이 되고 화젯거리가 된다. 그래서 이때는 스피커에 귀를 대고 방 안에 모두 모이게 한다.

  이렇게 이 신기한 스피커 설치는 동네의 혁신적인 대사건으로 동네 사람 모두를 같은 일에 흥분되게 한다. 그리고 이후 많은 시간을 집안의 식구들이 함께 보내게 하는 신기한 묘기를 부리게 된다.

<u>스스로 알을 깨면 병아리가 되지만,</u>
<u>남이 깨 주면 '프라이'가 된다.</u>
― J. 허슬러 ―

어머니 허리는 일기 예보

집안에 농사치가 그리 많지 않아도 엄마는 언제나 뒤를 돌아볼 틈도 없이 농사일과 잡다한 허드렛일로 매일 바쁘다.

그러다가 날이 궂어 비라도 올 것 같은 날의 하루 전 잘 무렵에는 안방에 누워서 온 삭신이 아프다며 나지막한 소리로 신음을 토하신다. 그러면서 방 아랫목에서 방바닥을 보고 반듯하게 엎드려 눕는다. 그러다가 허리를 벽에 대고 옆으로 눕다가 반대로 벽을 바라보고 누우신다.

그리고 몸집이 작은 아이에게 "이리 와서 허리 좀 밟아 다오." 하시며 아이의 눈치를 슬며시 살핀다.

그러면 아이는 아직 어린 몸이라서 가볍기는 하지만 그래도 조심스럽게 벽을 잡고 엉덩이 쪽으로 살며시 올라선다. 한 발을 먼저 올리고 다음에 두 발 모두 올려 위와 아래로 오르내리며 살며시 그리고 천천히 밟는다.

이렇게 두 발로 어머니의 허리 주변을 어색하게 서성거리면 엄마가 작은 소리로 말씀하신다.

"아이고 시원도 해라. 이제 조금 나아졌으니 그만해라."라고 칭찬하면서 이내 고단한 잠에 빠진다. 그러면 아이는 엄마를 위해서 큰일이라도 한 듯이 기뻐서 밝은 얼굴에 미소를 지으며 은근히 좋아한다.

이렇게 비가 오려고 하는 날에는 거의 이 같은 일이 반복되지만 왜 그런지는 전혀 이해하지 못한다. 하지만 부실한 일기 예보보다 더 정확히 비 오는 날을 맞추는 예측이라고 생각한다. 그러곤 항상 틀림이 없는 이 같은 사실에 대하여 아주 신기하다고 혼자서 중얼거린다.

엄마는 농사일과 집안의 모든 힘든 일은 자식에게 절대 시키지 않고 본인이 직접 나서서 처리한다. 그러면서 살림살이를 보충하기 위해 다른 집의 품앗이나 돈을 받는 일도 쉴 새 없이 계속 다니신다.

따라서 허리가 아픈 것은 당연한 이치일 것인데 어린 아들은 이를 알지 못하고 생각 없이 그냥 하루하루를 지낸 것이다. 그러면서 단지 비가 오기 전날에는 의례적으로 엄마가 허리를 밟으라고 한다고 생각할 뿐이었다.

엄마의 허리를 밟은 그 이유와 의미를 알게 된 때에는 애석하게도 어머니가 이 세상에 계시지 않는다.

아주 뒤늦은 때가 되어서 아이는 좀 더 일찍 알지 못한 아픈 후회의 애석한 회한을 깊이 마음에 새기게 된다.

<u>산타루치아(이탈리아 성소녀)는
권위적인 교황에 대응하였던 당시 시칠리아의 부잣집 소녀로서
결국 권력의 칼에 순교하다.</u>
- 명언 한 줄 -

대청 밑의 무서운 달걀귀신

　무더위가 잠깐 쉬는 여름날 집 앞마당에 펼쳐진 널찍한 밀짚 멍석에는 저녁밥을 먹고 난 후 식구들이 모두 둘러앉아서 더위를 식히며 편하게 쉬고 있다.

　가까운 근처 마당의 구석에는 마른 쑥과 짚을 태운 하얀 연기가 모락모락 피어오르면서 마당을 살짝 덮는다. 이렇게 은은한 쑥 냄새로 코끝을 살며시 스치는 모깃불이 무더운 더위에 편안함을 더해 준다.

　그 모닥불 옆에는 이웃집 소 한 마리가 시원한 바람이 스치는 마당에서 "음메~" 하며 머리를 좌우로 흔들고 우리의 대화를 엿듣고 있다. 낮에 들에서 풀을 뜯고 돌아와서는 더워진 외양간을 피하여 여유롭게 저녁 시간을 맞은 것이다.

　시원한 멍석에서 엄마의 무릎을 베고 누운 아이는 밤하늘에서 막 쏟아질 듯이 반짝반짝 빛나고 있는 많은 별을 보면서 마냥 행복하다.

　한 팔로 아이의 머리를 포근히 받치고 있는 어머니의 다른 손은 모기가 연한 피부라도 물까 싶어 연신 손부채질하느라 바쁘다. 시간이 좀 지나서 아이가 살며시 눈을 감고 졸기 시작하자 어머니는 "아들!! 안으로 들어가서 자야지." 하며 몸을 일으키려 하신다.

　이에 아이는 별안간 조금 전에 어머니가 들려준 대청마루 밑의 달걀귀신 이야기가 문득 떠오르며 슬그머니 무서워진다. 아직도 귀에서 들리는 듯하여서 이내 망설이며 "아니, 조금만 더 있다 가."라며 어머니의 무릎에서 머리를 들어 일어나지 않고 응석을 부린다.

밤늦게 집에 들어오는 아이에게 겁을 주는 이 달걀귀신은 커다란 달걀 모양을 하고 있다고 한다. 부모님 속을 썩이는 어린아이를 한입에 넣어 버리기 위해 커다랗고 둥근 아가리가 위쪽에 붙어 있다는 것이다.

이 이야기를 엄마한테 들은 이후부터는 친구들과 놀다가 밤이 늦어서 들어올 때마다 하는 특이한 버릇이 하나 생긴다.

대문을 열고 집에 들어서면서 두려움이 적어지게 "엄~마" 하고 급하게 큰 소리를 일부러 낸다. 그러면서 안마당을 후다닥 내달려 대청마루에 올라서서 방문을 열고 그제야 신을 벗는다. 그리고 벗은 신을 마당으로 '획' 하니 내던지고 뒤도 안 돌아보며 안방으로 머리를 디밀며 들어선다.

그 달걀귀신은 무시무시하게 무서운 존재로서 언제나 대청마루 밑에 깊숙이 은밀하게 머물며 아이와 함께 성장하고 있다.

신은 회초리가 아니라, 시간으로 인간을 단련시킨다.

– 발타자르 그라시안(스페인) –

읍내 3형제 깡패 중 막내

집 안 안방과 이어진 대청을 건너면 부엌이 딸린 방 하나가 있는데 이곳은 가끔 필요한 사람에게 월세로 내준다. 그 방에는 동네에 있던 경찰지서에 홀로 와서 근무하는 순경이 주로 살았고 그렇지 않을 때는 특별히 필요한 이가 잠시 세를 내서 함께 살기도 한다.

한편 약 40리가 되는 멀지 않은 읍내에 건달(깡패)로 유명한 삼 형제가 살고 있는데 그 유명세가 대단하다. 그런데 어느 해에는 그중 세 번째인 막내가 부인과 '미옥'이라고 하는 4살 된 예쁜 딸을 데리고 그 방을 얻어 살게 된다.

동네 어른들의 말에 의하면 농한기인 겨울철에 면내의 적당한 장소에서 돈을 한탕 하기 위해서 노름꾼들이 모여 큰판을 벌린다고 한다. 그런데 그런 장소에는 노름판을 휘어잡는 아주 세거나 사나운 주먹잡이가 주변을 보호하면서 영향력을 행사하고 돈도 챙긴다고 한다.

그리고 일부는 사기성으로 노름을 유도해서 선량한 농민에게 농지 등의 부동산을 빼앗아 씻을 수 없는 패가망신과 회복 불가한 피해도 준다.

그해에는 아이가 사는 면 지역이 대상이었기 때문에 비교적 거리가 가까운 아이의 집을 세낸 것이다.

어떤 날은 아이가 집에서 쉬고 있는데 막내 건달이 집안 어른들과 대화 중에 "34살인데 37번 감방에 다녀왔다." 하고 자랑스럽게 목소리를 높이는 것을 우연히 듣는다. 이에 아이는 '감방이 무엇인가?' 하는 생각으로 아주 궁금해서 아버지에게 물어본다. 그러자 아버지는 "나쁜 짓을 하면 경찰이 잡아가서 가두는 곳인데 거기는 아주 무서운 곳"이라고 한다.

그러나 아이는 평소에 아버지한테 공손하기도 하고 인사도 깍듯이 하는 그 막내 깡패가 조금도 무섭지 않았다. 더구나 그의 딸은 아주 예쁘고 귀여운데 가끔 뜰 안마당에서 아이의 남동생하고 소꿉장난하면서 즐겁게 논다.

그러면 이를 보고 있던 짓궂은 어른들이 동생한테 "커서 누구한테 장가를 갈 거니?" 하고 물으면 이내 "미옥이." 하고 서슴없이 대답해서 모두를 깔깔거리며 한바탕 웃게 하였다.

그렇게 얼마간의 세월이 흐른 후 그 막내 깡패 아저씨는 젊은 나이로 세상과 이별하였는데 폐에 물이 차는 병(폐병)이 그 원인이라고 한다. 결국 계속 그런 생활을 하다가 몇 번 더 감옥에 들락거리면서 병을 악화시킨 것이라고 한다.

아이에게 과자도 사 주고 이뻐해 주던 그분의 아쉬운 소식을 접하니 마음이 너무 아프고 이상했다. 더욱이 아빠를 잃은 예쁜 '미옥이'가 생각나서 너무나 불쌍하고 애처롭다는 마음을 한동안 지우지 못한다.

새벽 미사 시간에 생긴 일

성당의 미사에 참석하려고 일찍 일어나서 옷을 챙겨 입는데 어쩌 이상하게도 새로 사 주신 남방셔츠가 보이질 않는다. 미사 시간은 다가오는데 옷을 찾지 못하니 점점 당황스러워서 '에라 모르겠다.' 생각하면서 러닝셔츠 차림의 속옷만 입은 채로 허둥지둥 성당으로 뛰어간다.

옷을 잘 갖추어 입지 못한 아주 큰 죄를 지은 마음으로 슬그머니 성당의 맨 뒷자리에서 성호를 긋고 앉아서 머리를 조아린다.

미사를 드리는 중 얼마나 지났을까?

신부님을 도와서 성당 일을 돌보던 '복자'라고 불리던 분이 뒤에서 어깨를 툭툭 치면서 밖으로 나오라고 손짓한다. 이에 아무런 영문도 모르고 미사 중이지만 그를 따라서 밖으로 나간다.

그런데 별안간 "야, 임마! 여기가 어디라고 러닝 바람으로 미사에 오느냐?" 하면서 느닷없이 귀싸대기를 힘껏 올린다.

그 순간 왕별들이 수없이 번쩍이다가 내 정신을 가지고 멀리 사라져 가고 아무런 생각도 남지 않는다.

지금까지 태어나서 엄마, 아버지, 선생님, 동네 아이들에게 한 번도 맞아 보지 않은 얼굴 싸대기를 난생처음으로 맞은 것이다. 이에 정말로 하느님이 밉고 원망스러워서 한참을 말없이 그 자리를 서성이며 소리 내어 울지도 못한다. 그러다가 억울함보다는 성스러운 성당의 미사를 인식하지 못했다는 생각으로 결국 스스로 자신을 탓한다.

이후 미사도 다 마치지 못하고 집으로 향하면서 그 남방셔츠를 어디에

두었는지 곰곰이 생각해 본다. 그때 머릿속에 학교 운동장이 전광석화처럼 떠오르며 스쳐 지나간다.

　여름 방학 중에도 운동장에 자라난 잡풀들을 뽑기 위해서 하루는 학교에 가야 하는데 그게 어제였다. 그때 풀을 뽑으면서 날씨가 더워 옷을 벗어서 축구 골대 위에 잠깐 걸쳐 놓은 것이다.

　아이는 바로 사정없이 내달려서 단숨에 학교 운동장에 도착해 살펴보니 그 옷은 보이지 않고 축구 골대만 덩그러니 있다.

　"엄마가 마음먹고 어렵게 새로 사 주신 남방샤스를 어제 처음으로 입은 것인데." 하면서 "아~~하!!" 하는 긴 탄식과 절망을 토한다.

　이른 아침에 서늘하게 텅 빈 운동장은 "네 잘못이지. 누굴 원망하니?" 하는 강한 울림을 귓속에서 메아리치게 한다. 아이는 땅바닥에 힘없이 털퍼덕 주저앉아서 멍하니 한참을 보낸다.

　아마도 그 새 옷은 아이와 인연이 없었고 대신 미사를 통하여 하느님을 대하는 태도를 꾸짖은 벌로 일침을 가한 큰 가르침이라고 생각한다.

　그렇게 애써 자신을 위로하면서 고개를 푹 숙이고 터벅터벅 무거운 발걸음으로 멀리 보이는 집으로 향한다.

참나무에 숨은 사슴벌레

　오래된 고딕식 건물인 성당이 있는 작은 동산에는 아주 커다란 아까시나무가 여러 가지 나무들과 섞여서 있다. 그리고 동네에서 성당에 오르는 길가의 양편에는 꽤 나이를 먹은 참나무도 더러 느티나무 사이에 끼어서 여러 개가 줄지어 서 있다.
　그 참나무들의 몸통은 굵고 거친데 군데군데에 투명하고 진득한 진액이 흘러나와서 보기에 곱지 않다. 그런데 그 주변에는 두 개의 집게로 단단하게 무장한 검은색 사슴벌레가 서성대고 있다.
　그것은 등에 반짝이는 갑옷을 두껍게 입고 있지만 그 속에는 날아서 이동이 가능하게 하는 부드러운 날개를 감추고 있다.
　이 검은색의 사슴벌레는 집게가 긴 수놈과 집게는 좀 작지만 아담하고 수컷보다 더 예쁘게 생긴 암놈이 있다. 이런 사슴벌레를 엄지와 검지 손가락으로 얼른 몸통의 옆면을 잡아서 미리 준비한 작은 통에 넣어 산채로 생포한다.
　이내 집으로 가지고 와서 대청마루를 기어다니게 하거나 집 기둥에 붙여 놓고 시간이 가는 줄 모르고 즐겁게 함께 논다. 그러다가 집게에 손가락이라도 물리면 정말로 아파서 눈물을 흘리기도 한다.
　그러나 이 까맣고 예쁜 사슴벌레는 동네 아이들과 함께 행복하게 즐기는 놀잇감으로 항상 가까이에 있어서 친근하다. 그런데 사슴벌레는 표준말이고 동네 아이들은 '찝게벌레'라고 부르면서 장난감처럼 가지고 놀이를 한다.

또한 참나무와 그 줄기 주변에는 풍뎅이도 아주 많은데 이들도 참나무 진액을 매우 좋아해서 그곳에 집도 만들며 산다. 그러면 동네 개구쟁이들은 그것을 잡아서 아무렇지도 않게 등껍질을 떼어 낸다.

그러면 풍뎅이는 날개가 아파서 '윙윙'하고 소리를 내며 날개를 '부르르' 떠는데 이것을 즐기곤 한다. 이렇게 바람을 내는 날갯짓을 부채질이라고 하면서 이마에 가깝게 대고 바람을 느끼며 시원하다고 호들갑 떠는 잔인함도 서슴지 않는다.

그리고 들이나 둑의 풀숲에서 잡은 방아깨비의 긴 두 다리를 손으로 잡으면 몸통을 '펄쩍펄쩍'거리면서 뛴다. 그러면 그 뛰는 모습에 '영차영차' 장단을 맞추기도 하면서 누구 것이 방아 찧기를 많이 하는지 횟수와 빠르기를 세면서 서로 놀기도 한다.

그리고 잠자리, 메뚜기, 매미, 여치와 같은 많은 곤충과도 친구가 되어서 여러 가지 놀이를 하면서 함께 어울린다.

이렇게 아이는 작은 키가 커 가는 줄도 모르고 들판을 뛰어다니며 온통 자연과 어울리면서 자기가 누군지도 모른 채 즐거운 어린 시절을 보낸다.

성탄절 자정 미사와 화투 치기

　아기 예수님이 이 세상을 구원하기 위해서 오는 크리스마스는 동네 아이들이 해마다 손꼽아 기다리고 있다.
　이날에는 거룩하고 성스러운 자정 미사를 올려야 하기에 늦은 자정까지 눈을 비비며 밀려오는 잠을 참아 내야 한다.
　이런 날에 아이는 보통 옆에 있는 친구의 집으로 가는데 너덧 명이 모여 만화책을 보고 수다도 떨면서 시간을 보낸다. 그러다가 자정이 가까워 미사 시간이 되면 이에 맞추어서 성당으로 발걸음을 향하며 마음을 새롭고 거룩하게 한다.
　그러던 중 한 해는 친구 어머니가 "이것 갖고 놀다가 이따가 미사에 가자." 하면서 화투를 내어주며 아이들의 졸음을 몰아내는 묘안을 짜낸다. 이날이 어머니에게서 화투를 받아 눈치 보지 않고 가지고 놀 수 있는 유일한 날이기도 하다.
　보통 화투 놀이에서 어른들은 '육백'이라는 놀이를 즐기고, 어린아이들은 비교적 놀이가 간단한 '뽕'이라는 것을 하면서 시간을 보낸다.
　그래서 이날도 한참 유행하는 뽕을 치기로 하고 각각 실력을 따져서 목돈의 부담을 줄이는 적당한 내기도 건다. 1등은 공짜, 2등은 1원, 3등은 5원, 4등인 꼴찌는 10원으로 정한다. 이렇게 20회 정도 게임을 하고 그 결과로 모은 돈으로 장터국수를 사다가 끓여서 함께 먹는다.
　게임의 순위를 정하는 방법은 매회마다 마지막에 자기가 가지고 있던 화투의 고유한 수를 합하여 그 수를 적는다. 이렇게 모든 게임을 합산한

숫자가 가장 적은 친구가 1등이고 가장 많으면 꼴찌가 된다.

놀이가 끝나고 순위를 정하면서 누가 1등이고 누가 꼴찌라며 방 안이 왁자지껄 떠들썩할 즈음에 어머니가 문을 열고 말씀하신다.

"국수 다 끓여 놓았으니 어서 와서들 먹거라. 그리고 미사에 가야지?"

이제 누구도 돈을 낼 필요가 없어지면서 모두가 금방 환하게 웃으며 놀이는 멋지게 끝난다. 친구의 어머니가 사랑하는 마음으로 준비하신 맛있는 국수를 입에 가득 담으면서 철없이 연신 웃음꽃을 피우고 행복해한다.

그렇게 자정 미사에 참석하기 위해 대문을 나서면서 아이는 두 눈을 의심하며 소스라치게 놀란다.

경찰지서 앞 신작로에서 성당에 이르는 150여 미터의 컴컴한 길가 양쪽에 얼마만큼의 간격으로 나란히 불빛이 반짝이는 것이다. 또한 어둠 속에 쌓인 멀리 보이는 성당은 아직 한 번도 보지 못한 수많은 불빛으로 인해 환상적으로 반짝인다.

그런데 그 모습은 마치 성탄절 성당의 모습이 멀리 눈앞의 컴컴한 하늘에 둥실 떠 있는 것과 같이 보인다. 평소에도 성당이 이웃인 친구 집에서 훤히 보이기 때문에 집의 대문을 나서면 저만치 멀리 성당의 모습이 보인다.

그 모습은 정말로 형언할 수 없을 만큼 환상적으로 아름답다. 아이는 자기도 모르게 '아~하~!!' 하는 탄성을 내면서 불현듯 천국이 바로 저기인가 보다 하는 생각을 한다.

전기가 아직 들어오지 않아서 촛불과 비닐 바람막이를 이용하여 길가에 불빛을 낸 것이다. 그리고 성당 주변에는 임시로 이동용 전기 발전기를 돌려서 아름다운 전등으로 어둠과 밝음을 몽환적으로 만들어 낸 것이다.

이 모두가 성탄절에 외국인 신부님을 통하여 보여 주신 하느님의 영광스럽고 고귀한 불멸의 작품이자 아마 어떤 깨우침이라는 생각을 지울 수 없다.

사람은 늘 구름과 물과 같이 움직여야만 썩지 않는다.

- 법정 스님 -

겨울철의 고구마 통가리

시골의 동네마다 가정 형편이 어려운 집이 많아서 세끼의 식사를 모두 성찬으로 챙기는 집은 그리 많지 않다. 아이네도 세끼의 식사는 하는 편이었으나 보통 점심 식사는 간단히 할 때가 많다. 더구나 하루해가 짧은 겨울철에는 가끔 건너뛰기도 했다.

그중 한 방법으로는 아침에 했던 보리밥을 솥에 넣고 물을 더 보탠 다음에 '푹' 끓이면 두 배 이상의 양으로 밥이 불어나서 모든 식구가 함께 나누어 먹을 수 있다. 그런데 이 밥은 애석하게도 아주 쉽게 소화되어서 시간이 얼마 되지 않아 배가 빨리 고파지는 부작용이 있다.

그래서 한철에는 뒤란에 있는 밭의 싱싱한 무를 뽑아 먹거나 겨울철이 되면 고구마를 동치미와 함께 많이 먹는다.

겨울에는 땔감을 아끼기 위해서 불을 지피지 않는 뒷방에 짚과 수숫대를 엮어서 둥글게 '고구마 통가리'를 만들어 놓는다. 이 고구마 통가리의 크기는 집안의 사정 등으로 각각 다르다. 아이의 집에는 지름이 양팔을 벌린 정도의 크기이고 높이는 아이의 키만큼 큰 원형 통으로 만들어졌다.

이곳에 고구마를 보관하면 썩거나 얼지 않아서 좋고 한겨울에도 고구마를 가져오기 위해서 추운 밖에 나가지 않아도 되어서 매우 효율적이고 편하다.

이 통가리에는 고구마가 잔뜩 담겨 있어서 집안 식구들은 언제든지 배가 출출해지면 '쥐새끼 방앗간 들락거리듯' 오고 가면서 꺼내서 먹는다. 즉 겨울 동안 내내 껍질을 깎아 생으로 먹거나 솥에 넣어 노릇하게 잘 삶아진 찐 고구마를 먹는다.

  더욱이 익힌 고구마는 방금 퍼 온 동치미나 김치와 함께 먹으면 식사를 대신하는 한 끼의 충분한 요기가 되기도 한다.

  또한 긴 겨울밤에 밥을 지으면서 잠깐 덥힌 안방에서 온 가족이 둘러앉아 정담을 나누다가 옆방의 통가리에서 가져온 고구마를 화롯불에 넣는다. 그 고구마가 익으면 꺼내서 껍질을 벗기고 하얀 김이 피어오르는 것을 '호호' 불면서 한 입씩 깨물어 먹으면 정말로 달콤하고 맛이 좋다.

  이런 때면 아이는 고구마의 달콤한 그 맛이 좋아서 주변의 눈치를 보지 않고 숨도 돌릴 틈 없이 재빠르게 입으로 나른다.

산을 움직이려 하는 이는
작은 돌을 들어내는 일로 시작한다.
- 공자 -

아궁이 왕겨 불과 풍구(풍로)

겨울철이 되어서 기온이 한참 내려가 날씨도 춥고 가끔은 눈이 쌓여 땔감을 구하기가 쉽지 않을 때는 아이가 동네 친구들과 산에 오른다.

생나무를 잘라 오거나 떨어진 소나무 갈잎을 긁어서 지게로 등에 지고 오기 위해서인데 이는 매우 힘들고 부담스럽기도 하다. 이는 가끔 산림청 관계자가 동네를 다니면서 소나무 등 생가지 꺾는 것을 단속해서 더욱 신경 써야 하기 때문이다.

그래서 보완적으로 가을걷이를 마친 후 방앗간에서 벼를 쌀로 도정하여 찧고 나온 왕겨를 땔감으로 많이들 사용한다.

부엌 아궁이에 불이 잘 붙는 아주 작은 나뭇가지 위에 왕겨를 수북이 올려놓는다. 그리고 그 속에 종이 등을 이용하여 불을 붙여서 왕겨가 타기 시작하면 불이 잘 살아나도록 풍구를 돌려 왕겨 속에 바람을 불어 넣는다. 이렇게 해서 왕겨 사이로 파랗게 피어오르는 불은 제법 강해서 밥도 하고 국이나 물도 뜨겁게 끓인다.

한편 풍구의 모양은 둥글고 큰 바퀴에 손잡이가 달려서 손으로 잡고 그 바퀴를 돌린다. 그러면 이 바퀴에 연결된 줄을 통하여 작은 바퀴는 물론 풍구 안에 달린 바람개비를 돌리게 된다.

이렇게 바람개비가 돌면서 생긴 강한 바람이 이어진 작은 통로를 통하여 아궁이의 쌓인 왕겨 안으로 들어가면서 바람을 뿜어낸다. 즉 끝부분에는 바람이 골고루 나오도록 여러 개의 작은 구멍을 낸 둥글고 넓적한 모양의 것을 왕겨 속에 묻는다. 그리고 지름이 4~5센티 정도가 되고 길이가 약 30센티인 바람통을 풍로와 연결해서 불의 화력을 높이는 방식이다.

아이도 가끔 엄마에게 졸라서 아궁이 앞에 앉아 풍구를 돌릴 때마다 '휙휙' 파랗게 타오르는 불꽃을 신기하게 바라본다. 그러면 불 앞의 따뜻함과 파란 불꽃이 주는 알 수 없는 미래의 멋진 환상으로 정신없이 유영하는 행복을 맛보기도 한다.

그래서 겨울철 '나무 곳간' 한쪽에는 누렇고 푹신한 왕겨를 항상 수북이 쌓아 놓는다.

그런데 그곳은 삶의 보금자리를 튼 쥐들의 즐거운 삶과 놀이터가 되어서 불현듯 자주 그들과 눈을 마주친다. 그러면 순간적으로 멈칫하고 깜짝 놀라고 당황해야 하는 불편함도 있지만 이내 그러려니 하면서 지나친다.

숙제하듯 살지 말고, 축제하듯 살자.
- 명언 한 줄 -

차가운 안방의 화롯불

　겨울철에 동지가 가까워지면서 낮도 짧아지고 날씨가 추워지면 초가집 안방도 냉기를 더하여 더 추워진다.
　저녁밥을 하면서 아궁이에서 태운 불로 방바닥을 잠깐 데우나 아랫목만 따뜻하고 방 윗목은 미지근하다가 이내 차갑게 식는다. 그래서 방 안의 온기도 점점 없어지고 냉기가 돌면서 추워진다.
　그러면 창호지를 바른 삐걱거리는 문에 달린 고리가 얼어서 물 묻은 손을 대면 찰싹 붙어 버린다. 그리고 저녁이 되면 두꺼운 솜이불을 찾아 꺼내서 일찌감치 방바닥에 깐다.
　이런 때 방 한쪽에 피워 놓은 화롯불은 추운 안방의 냉기를 제거해 주면서 조금이라도 따뜻하게 해 주는 꼭 필요한 필수품이다.
　저녁 식사를 하면서 아궁이에 지폈던 나뭇가지가 불에 타고 남은 것이 숯불처럼 되면 이것을 모아서 놋쇠나 무쇠로 만들어진 둥근 화로에 담는다. 그런데 화롯불에 담아서 태우는 나무로는 주로 소나무를 써야 하며 특히 참나무는 타면서 내는 독성이 있어서 절대로 사용하면 안 된다.
　안방으로 가져온 화롯불은 조금씩 빨갛게 타면서 방 안의 온도를 따스하게 올려 준다. 그러면 식구들은 그 주위에 둘러앉아 손을 가까이 대면서 자연스럽게 이런저런 대화를 나누며 긴 밤을 보낸다.
　아버지는 곰방대에 잎담배를 엄지손가락으로 빡빡하게 밀어 넣고 화롯불에 대고 연속 입으로 빨아서 불을 붙인다. 그러면 그때마다 뻘건 불꽃과 하얀 연기가 피어오르면서 잎담배 맛을 제대로 내준다. 그렇게 전부 피우시고는 화로에 '탁탁' 쳐서 곰방대에 남아 있는 담뱃재를 털어 내기도 한다.

또는 가을에 수확한 고구마를 보관하는 윗방의 통가리에서 고구마를 몇 개 가져와서 화롯불 속에 묻는다. 그렇게 고구마가 잘 익은 것 같으면 얼른 꺼내서 화로의 갓 쪽에 올려놓고 껍질을 호호 벗겨 김이 모락거리는 속살을 아껴 가면서 한 입씩 깨물어 맛있게 먹는다.

그렇게 불에 잘 익는 고구마가 구수한 향을 내면서 긴 겨울밤을 맛있게 보내고 피곤한 잠도 깨워서 한참을 머물게 한다.

가끔 어머니가 식구들이 입었던 두툼하고 해진 내복을 화롯가로 가져와서 불에 살며시 쬐면 '이'가 슬금슬금 기어 나온다. 그러면 어머니는 과감하게 두 개의 엄지손톱으로 이것을 눌러서 눈 하나 까딱하지 않고 잡는다.

이 모습은 조금 징그러워도 냄새가 고약한 하얀 분말인 DDT를 옷이나 머리에 뿌리는 것보다는 덜 해롭다고 어른들이 말하면서 아이를 달랜다.

그러나 한편으로는 안방에서 놀던 어린아이가 그만 넘어져서 머리를 화로에 부딪혀 상처를 입고 흉터를 내는 일도 흔하지 않게 일어나서 조심해야 한다. 아이의 누님이 어렸을 때 안방에서 장난치며 뛰어다니다가 넘어지면서 그만 화롯불에 손을 넣어서 온통 화상을 입었단다. 그래서 다급하게 동네에 하나밖에 없는 약방으로 달려가서 치료하는 위험한 경험도 있다고 한다. 그래서 추운 날에 꼭 필요한 화롯불도 어린아이가 있는 집에서는 큰 관심을 가지고 안전을 잘 살펴야 한다.

그러나 차가운 방 안을 따뜻하게 데워 주고 군고구마의 간식도 먹을 수 있게 해 주는 화로는 오래된 친구와 같이 친숙하고 중요한 겨울철의 가정용 필수품이다.

뒷산을 넘는 기차 소리

바다를 가까이 접하고 있는 아이의 동네는 농촌으로 기차가 다니는 철길이 없고 기차를 본 어린 친구는 한 명도 없다.

기차는 길게 이어진 자동차와 같이 생겼다고 하는 어른들의 말을 듣기만 해서 상상으로 기차를 머릿속에 그리곤 했다.

그런데 이상하게도 비가 오려고 하는 흐린 날씨거나 살짝 가랑비가 내리는 궂은날에는 기차 소리가 아주 멀리서 살짝 들린다. 마을 뒷산인 갓바위산을 넘어 저 멀리서 '칙~칙' 하기도 하고 '덜커덩덜커덩'하면서 철길 위를 달리는 기차 소리가 진짜로 아련히 들려오는 것이다.

가끔은 '뿌~웅' 하는 기적 소리도 하늘에 낮게 내려앉은 구름을 뚫고 메아리치듯 아득히 들려오곤 한다.

그래서 큰 마당에 모여서 신나게 노는 아이와 동네 친구들도 날씨가 흐려지면 혹시나 하는 생각으로 가끔 숨을 죽인다. 그러면서 너 나 할 것 없이 살며시 옆에 있는 돌담에 귀를 대 보곤 한다.

소리 듣는 것을 특별히 배운 일 없어도 우연히 귀를 집이나 담벼락의 벽에 대면 더 잘 들린다는 것을 아이와 친구들은 잘 아는 것이다.

이렇게 저마다의 방식으로 귀를 벽에 대면서 누가 먼저 그 소리를 들을지 몰라 서로 신경전이 시작된다. 모두 온 감각을 쏟아서 잔뜩 그 소리를 기대한다.

그러다가 제일 먼저 소리를 포착한 친구는 길에서 100원짜리라도 주운 듯이 기뻐서 큰 소리로 자랑스럽게 소리친다.

"들린다~ 들린다!"

그러면 다른 친구도 우르르 달려들어서 그 옆에 귀를 더 가까이 벽에 대고 온 신경을 모아서 소리를 들으려고 집중한다.

그렇게 보이지는 않으나 멀리서 들려오는 기차 소리는 아이와 시골 친구들에게 미지의 세계에 대하여 아름답고 무한한 환상을 갖게 해 준다. 즉 멋지고 높은 건물의 도시와 같은 시골이 아닌 발전된 미래에 대한 뚜렷한 지향점을 그리게 해 준다.

계단을 밟아야 계단 위에 올라설 수가 있다.
- 튀르키예 '속담' -

여름철 냇가에서의 소동

　동네에는 뒷산에서 시작한 작은 냇가가 마을을 감싸고 흘러서 넓은 논으로 흘러간다.

　그런데 이 냇가의 바닥에 널려 있는 크고 작은 수많은 돌 밑에는 민물에 사는 갑각류인 가재가 있다. 이것들은 힘 좋은 큰 두 집게발로 머리를 감싸고 가만히 웅크린 채 커다란 더듬이만 두 개 세워 숨어 있다.

　얼른 이 돌을 들치면 빠르게 뒷발질로 도망치려는 놈도 있고, 어리둥절하여 꼼짝하지도 못하고 가만히 있는 놈도 있다.

　그러면 그놈을 얼른 손으로 잡아서 그릇에 넣고 집으로 가지고 온다. 이를 키운다면서 적당한 돌을 넣은 물그릇에 담아 두기도 한다. 그러면 그곳이 자기의 집으로 알고 그 돌의 틈으로 들어가서 한동안 지낸다.

　이 냇물은 아주 맑아서 동네의 누나들이나 아주머니들이 여러 가지 빨랫거리를 커다란 그릇에 담아 와서 빨기도 한다. 그러니까 큰 그릇에 담아 머리에 이고 와서는 납작한 돌 위에 올려놓고 '싹싹' 비비기도 하고 때론 함께 가져온 나무 방망이로 사정없이 두드려 팬다.

　그리고 무더운 여름철이 되어서 해가 완전히 지고 어두컴컴해지면 누나들이 모여서 시끌벅적 온갖 수다를 떨며 멱을 감는다.

　그러면 이를 알아차린 동네 형들이 냇물 위쪽으로 몰래 숨어 올라가서 흐르는 냇물에다가 냄새가 심한 오물을 살짝 흘린다. 그러면 잠시 후 아래쪽에서 수다를 떨던 누나들이 이내 이를 눈치를 채고 큰소리를 치고 난리다.

"이게 무슨 냄새야?" 하면서 "거기 누구냐?"

그러면 동네 형을 따라서 그곳에 갔던 아이도 형들과 같이 뒤도 돌아보지 않고 집으로 도망쳐 아무것도 모르는 척하고 시치미를 뚝 뗀다.

이렇게 동네 뒷산에서 흘러 내려오는 맑고 시원한 냇물은 여름철이 되면 동네 청춘남녀가 은근히 설렘을 나누게 하는 신천지가 되는 것이다. 아주 어린 아이는 철모르고 동네 형들을 졸졸 따라다니면서 똑같이 개구쟁이가 되어 간다.

그러니까 무더위에 멱 감는 누나들에 대하여 아무런 특별한 감정도 없이 오직 재미로서 동네 형들을 따라다니면서 그렇게 어린 시절을 보낸다.

<u>어둠도 그 끝이 있다.</u>
<u>그걸 모르면 평생 그 어둠 속에 갇힐 수도 있다.</u>
- 명언 한 줄 -

지붕 위로 솟은 TV 안테나

　모든 추수가 끝나 먹을거리가 풍성하고 덜 바쁜 시절인 늦가을이 되면 농촌에는 가설극장이 들어와서 한동안 동네 사람들을 즐겁게 한다. 상설극장이 없는 시골은 평소에는 할 일이나 볼거리가 많지 않기 때문에 가끔 들어오는 이 가설극장의 인기가 아주 높다.
　그러다가 전기가 처음 들어오면서 동네에도 부잣집을 중심으로 TV 한두 대씩 들여놓고 보면서 즐기게 된다.
　그런데 방송국에서 보내 주는 전파를 잡아야 하기에 TV가 있는 집에는 쇠로 된 긴 파이프 장대를 이용해서 하늘로 높이 안테나를 세워야 한다. 하늘로 높게 올라간 긴 장대 위에는 옆으로 가로지른 여러 개의 허연 알루미늄 막대가 어깨를 나란히 펴고 팔을 벌린 멋진 모습을 하고 있다.
　이 TV 안테나는 잘사는 집의 상징이 되어 부잣집이라는 것을 누구나 쉽게 알 수 있게 해 준다.
　그런데 때때로 전파가 잘 잡히지 않아서 TV가 '지지직'거리며 화면이 잘 나타나지 않을 때가 있다. 그러면 안테나를 옆으로 돌려 가면서 주파수를 맞추어야 하는 번거로움도 그 집주인의 몫이다.
　가구 수가 대략 500여 호가 되는 아주 큰 동네임에도 대여섯 대의 안테나만이 자랑스럽게 우뚝 서서 키 작은 초가지붕들을 내려다본다. 그렇게 멀리서 서로 바라보며 자기가 더 크다고 긴 키를 치켜세우고 우쭐거리면서 바람에 머리를 살짝 흔든다.
　아이의 아랫집에서도 높은 TV 안테나를 위풍당당하게 세우고 있는데 그것을 볼 때마다 자기 집에는 없는 것을 속으로 탓하면서 부러운 눈치를 주곤 한다. 그 큰 이유는 일본의 프로레슬링 대표 선수인 '이노끼'와 머리 박치기로 유명한 우리나라의 '김일' 선수가 한판 붙는 멋진 경기를 맘껏 보고 싶었기 때문이다.

  이렇게 키 크고 멋진 TV 안테나는 하늘을 향해 높이 서서 동네를 지키면서 아이와 동네 친구들에게는 커다란 부러움의 대상으로 위대한 존재가 되고 있다.

개가 짖는다고 이를 상대해서
같이 짖을 필요는 없다.
- 명언 한 줄 -

나무 가시가 주는 가르침

　겨울철에 방을 따뜻하게 데우거나 음식을 요리할 때 쓰는 땔나무를 산에서 해 오는 것은 동네에서 거의 어머니들의 몫이다.
　소나무 솔가지에서 떨어져 말라 있는 뻘건 솔잎을 갈퀴로 조금씩 모아서 둥글게 쌓는다. 그리고 이를 새끼줄로 이리저리 빠져나오지 않게 단단히 묶어서 어머니의 머리에 이거나 지게로 져서 집으로 나른다.
　이렇게 산에서 가져오는 땔나무는 주로 이미 죽은 솔가지와 솔잎 그리고 죽어서 말라 버린 나무의 뿌리인 '고주박이'이다. 그러나 때때로 베어진 소나무에서 나오는 진액인 '광솔'가지를 쓰기도 한다. 그것이 부족하면 가끔은 생솔과 그 가지도 몰래 톱이나 낫으로 잘라서 가져온다.
　이마에는 땀이 연신 흐르고 어머니의 헝클어진 머리칼이 산발이 되어도 목을 반듯이 세워서 머리 위에 이고 집에까지 옮겨 온다. 그런데 이 생솔가지는 집에 가져오기 무섭게 보이지 않게 잘 감춰 놓는데, 산림청의 직원들이 가끔 들이닥쳐 조사하는 감시를 피해야 한다.
　아이의 집은 대문을 열고 들어서면 오른쪽에 산에서 해 온 나무를 쌓아서 보관하고 말리는 공간인 '나뭇간'이 있다. 그래서 그 안쪽으로 깊숙이 밀어 넣어서 감추어야 한다. 만약 그들에게 적발되면 바로 읍내의 경찰서로 잡혀간다는 소문이 동네에 자자하기 때문이다.
　한편 바쁜 엄마가 나무하러 가지 못하면 아이와 동네 친구들은 스스로 알아서 몇 명씩 어울려서 어른의 지게를 어깨에 지고 나무를 대신 하기도 한다.

이런 날에는 동네 친구들 서너 명이 자기보다 큰 지게를 지고 산에 오르는 곳의 초입인 산모퉁이로 삼삼오오 모인다. 그 지게에는 '고주박이'를 찾아 잘라야 해서 항상 그들의 주먹보다도 큼지막하고 날카로운 도끼가 곡괭이와 함께 들어 있다.

마을 뒤편에는 그다지 높진 않으나 동네 앞의 바다가 훤히 내려다보이는 나무가 제법 울창한 '갓바위산'이 있다. 그리고 산 바로 아래에는 성당에서 운영하는 천주교의 공동묘지가 계단을 이루면서 여러 갈래로 줄지어 있다. 그 앞의 작은 산길을 지나야만 산의 꼭대기와 그 부근에 이른다.

어느 날은 그곳을 조금 못 미친 곳에 '고주박이'를 괭이로 캐면서 도끼로 뿌리를 적당히 잘라 내는 일을 한다. 이 '고주박이'는 대개 단단해서 불에 오랫동안 타기 때문에 아주 유용한 데다 이미 죽은 나무이기에 채취해도 괜찮다.

그래서 겨울철에 가정마다 땔나무로 '고주박이'를 미리 준비하고 모아두면 매우 만족스럽고 자랑스러워한다.

친구들과 한참 동안 산 주변에 흩어져서 각자 도끼질에 열중하고 있을 때 아이가 쥐고 있던 도끼를 내던지고 "아야!" 하면서 손가락을 잡고 흔든다. 가시나무 밑에 있는 '고주박이'를 도끼로 찍다가 그만 그 나무의 가시에 손가락을 깊게 찔려 박힌 것이다.

그래서 도끼를 내려놓고 얼른 박힌 가시를 빼야 하는데 '어쩌지?' 하면서 안절부절 털썩 자리에 주저앉아 크게 상심한다. 결국 나무하기를 중도에 포기하고 집으로 내려가서 뾰족한 바늘로 빼는 것이 가장 좋은 방법이다.

하지만 중도에 나무하기를 포기하고 혼자서 집으로 내려가야 하기에 너무나 서운하고 낙담하여 망설이고 있는 것이다.

그렇게 이런저런 걱정을 하는데 캄캄한 밤하늘에서 밝은 별처럼 눈앞을 스치며 반짝 지나는 무엇인가가 보이는 것이다. 그것은 바로 가시나무의 가지마다 붙어 있던 수많은 다른 날카로운 가시들이다.

이내 "맞다. 집에 있는 바늘을 대신하여 저것으로 손가락에 박힌 가시를 파내면 되지." 하면서 바로 한 가시를 떼어 내서 그 문제를 바로 해결한다.

이 일이 있었던 이후 아이는 살면서 어려운 일이 닥치면 그 해답도 바로 그 주변에 있다고 믿게 된다. 그래서 진중하게 문제의 대안을 찾아내려 노력하면 답도 그곳에 있다는 중요한 삶의 이치를 깨닫게 된다.

나는 누구와도 닮지 말고,
오직 나만의 길을 가야 한다.
- 법정 스님 -

무서운 달빛 그림자

　집 대문 앞에는 조금 떨어져서 돼지울(움막)과 변소가 있는 작은 초가집 별채가 있다. 그 별채의 모서리에는 커다란 화강암으로 만들어진 둥그런 옛 연자방아가 하나 놓여 있다.
　맷돌과 매우 비슷한 둥근 모양이지만 그보다는 50여 배가 넘을 정도로 훨씬 크다는 것이 다르다. 그래서 가끔 친구들과 그 연자방아 위에 올라가 앉아서 소꿉장난도 하며 재미있게 놀기도 한다.
　어느 날 집 밖에서 친구들과 도독(놈) 잡기를 하면서 늦은 밤까지 놀다가 집으로 향한다.
　그런데 집 앞 가까이 이르렀을 때 별안간 그 돼지울간과 연자방아 돌 사이에 이상한 그림자가 비친다. 아이는 깜짝 놀라서 온몸이 얼어붙어 멈칫하고 제자리에 선다.
　아무리 유심히 살펴봐도 정확하겐 모르지만 자꾸 예전에 들었던 귀신 모양으로 보인다. 그러자 가슴이 빨리 뛰기 시작하면서 두려움이 밀려들어 어쩔 줄 모르고 그 자리에서 온몸을 떤다.
　이를 이겨 내려고 일부러 큰 소리로 노래도 불러 보지만 '어떻게 해야 하지?' 하는 생각으로 온갖 상상만 머리에 가득 차서 더욱 무서워진다.
　그러다가 우연히 하늘을 바라보다 희미한 달빛이 비치고 있음을 알게 된다. 그 달빛을 따라가 쳐다보니 돼지울 안쪽에 올려놓은 물건이 달빛에 비추어져서 그 이상한 그림자가 만들어진 것처럼 보인다.
　그래서 이내 "아하~ 저거였구나!" 하면서 한숨을 돌리지만 그래도 귀신의 상상은 여전히 남아서 아직도 무섭게 느껴진다.

그래서 모았던 숨을 크게 내뱉으면서 "엄마~~" 하고 길게 부르며 뛰어서 그곳을 지나쳐 '후다닥' 대문을 열고 집 안으로 달려간다.

간신히 그 무서움을 이겨 낸 것이다.

그 이후 한동안은 밖에서 밤늦게까지 놀지 못하고 저녁 일찍 들어온다.

그날 희미한 달빛이 만들어 낸 그 그림자는 아이의 마음에 깊게 도사리고 있는 알 수 없는 두려움이며 어쩔 수 없이 함께 성장하게 된다.

머리에서 마음으로 가는 여행이 가장 멀고 힘들다.

- 김수환 추기경 -

초가지붕 처마 속의 구렁이

　시골집의 초가지붕의 처마 끝부분 속에는 종종 작은 집 새가 둥지를 틀고 지내면서 새끼를 키우기도 한다.
　새가 아침 일찍 둥지를 떠나 밖에서 이리저리 날아다니며 먹이를 찾는다. 그러다가 밤이 되면 자기의 보금자리인 이 둥지로 돌아와서 잠을 잔다.
　동네에서 나이가 제법 든 형들은 이런 사실을 잘 알고 있어서 가끔 날을 잡고 그 새를 잡아서 불에 구워 먹기도 한다.
　이렇게 새를 잡으려면 몸집이 작고 가벼운 동생이나 어린아이를 어깨 위에 태운다. 이는 지붕이 높아서 혼자 오르기가 힘들기 때문에 가벼운 아이의 몸을 이용하는 것이다.
　그리고 미리 준비한 후레쉬(손전등)를 그 어린이에게 주어서 새가 지붕 속 둥지에 앉아 있을 때 별안간 정면으로 강한 빛을 비추게 한다. 그러면 순간적으로 새가 움직이지 못하는데 이때 재빠르게 손을 밀어 넣어서 새를 움켜잡으면 된다.
　어느 날 밤에 같은 방법으로 아이의 집 뒤뜰 쪽으로 들어가서 새를 잡기로 한다. 그러나 몇 곳을 급습하나 정확한 새 둥지를 찾지 못해서 모두 허탕을 친다. 그러다가 마침내 한 곳을 발견하고 무엇인가 보여서 후레쉬를 비추며 손을 불쑥 넣었는데 감촉이 이상하다.
　아이는 깜짝 놀라서 얼른 손을 빼고 자세히 들여다보니 거기에는 끔찍하게도 구렁이가 움츠리고 있었다.
　이내 소스라치게 놀라면서 무등을 태워 주고 있는 형에게 큰 소리로

"구렁이야!!" 하면서 크게 소리친다.

그리고 후다닥 어깨에서 급하게 내려온 아이는 너무 놀라서 새잡이를 당장 그만두고 집 안으로 들어가면서 안도의 한숨을 토한다. 그러나 함께한 동네 형들은 눈도 끔쩍하지 않고 태연한 기색으로 자기의 집으로 돌아간다.

아침이 되어서 이런 자초지종을 아버지에게 이야기해 드린다. 그러자 아버지는 "그것은 업구렁이다."라고 하시며 구렁이를 죽이지 않은 것이 참 잘한 것이라고 일러 주신다.

아마도 어느 집에나 쥐가 아주 많은 시기에 집에 머물며 이를 제거해 주는 구렁이와 족제비는 아마도 아주 유용하고 이로운 동물들이다. 따라서 이들이 집 주변에 가까이 있어도 해보다는 도움이 된다고 믿는 것이다. 그래서 '업'이라는 칭호도 글자 앞에 붙인 것이라고 어른들이 말한다.

사람을 볼 때 중요한 건, 겉모습이 아니라 마음이다.
- 명언 한 줄 -

홍두깨 방망이와 칼국수

 온통 쌀이 부족하던 아이의 어린 시절엔 밀가루를 활용한 칼국수와 수제비를 자주 먹는다. 특히 초등학교에 다닐 때는 '분식'을 특별히 장려해서 아이는 밀가루 음식하고 매우 친하다.
 칼국수는 밀가루의 대표 음식으로서 물을 넣고 반죽해서 손으로 막 떠넣는 수제비보다는 정성이 한 등급 더 깃든 음식이기도 하다.
 넓은 대청마루에서 커다란 그릇에 물과 밀가루를 섞어서 적당히 반죽하면 탱탱한 탄성이 생기면서 촉촉이 뭉쳐지고 이 반죽을 적당한 크기로 만든다. 그런 다음에 어머니는 손때가 묻어 반들반들한 팔뚝 굵기의 긴 나무토막으로 만든 홍두깨를 가져온다.
 그리고 밀가루 반죽을 펴기 위한 널따란 나무판으로 만든 도마를 가져와서 대청마루 위에 펼쳐 놓는다. 도마 위에 놓인 반죽 덩어리를 이 홍두깨로 이리저리 돌려 가면서 눌러 편다. 그러다가 나중에는 홍두깨에 둘둘 말아 돌리면서 그 반죽을 더욱 얇게 넓힌다.
 이렇게 홍두깨는 밀가루 반죽을 둥그렇고 얇게 펴내는 요술 방망이면서 어머니와 둘도 없는 친한 친구다. 그래서 어머니는 반들반들하게 빛나고 아주 많이 사용하여서 손바닥 손금이 새겨진 정겨운 홍두깨를 마루 한쪽에 소중히 간직하고 있다. 그리고 이웃집에도 하나씩은 준비하고 있는 가정 필수품 중 하나로 아주 중요한 물건이라서 흔히 볼 수도 있다.
 특히 비가 내리려고 날씨가 흐리거나 쌀쌀해지면 어머니는 홍두깨로 밀가루 반죽을 민다. 이를 여러 겹으로 접어서 적당한 간격으로 총총히 썰어서 훌훌 털어 펼쳐 놓는다.

  그리고 미리 준비한 고깃국물이나 여러 가지 채소를 넣어서 낸 국물에 넣고 끓인다. 애호박을 썰어 고명처럼 넣은 시원한 국물에서 칼국수 가닥을 건져서 입에 넣으면 그 맛은 황홀하고 너무 좋다. 그래서 한 그릇을 그냥 '마파람에 게 눈 감추듯' 뚝딱해 버린다. 그리고 나머지는 보리밥을 칼국수 국물에 말아서 김치와 같이 한 입하면 진짜로 잊지 못할 최고의 맛이다.

  이렇게 흰쌀밥을 보기도 힘든 시절에 세끼를 배부르게 먹기 힘들어서 칼국수가 그 대용으로 먹는 중요한 음식이 되는 것이다.

  이 홍두깨는 자식들을 위해 진수성찬의 쌀밥으로 정성을 다하지 못하는 어머니의 아픈 마음을 잘 알아주는 절친이다. 또한 어머니의 가슴 아픈 애환을 채우면서 힘주어 밀가루 반죽을 밀며 가족에게 따뜻한 마음을 전하던 사랑의 방망이다.

> 바람이 불지 않으면 노를 저어라.
> - 윈스턴 처칠 -

머리통 크기의 늙은 호박

집 뒤란에는 집보다 조금 높은 턱 위에 꽤나 넓은 밭이 있고 그 뒤편에는 돌담을 둘러쳐 뒷집과의 경계를 이룬다. 이처럼 돌담은 꽤 긴 길이가 이어져 있는데 대략 어른보다 큰 높이로 대충 쌓아져 있다.

이 담 주변에는 어머니가 아무런 곳에서나 잘 자라나는 호박을 심어서 한동안 여러 줄기를 뻗어 가며 무성하게 자라고 있다. 노랗고 덩치가 풍만해서 못생긴 노란 호박꽃에도 벌들이 꼬이고 그 넝쿨은 이리저리 뻗으면서 돌담을 덮는다. 이렇게 못난이 꽃은 지고 까칠한 줄기에 아주 조그만 애호박을 여기저기에 달고 있다가 점점 키우는 것이다.

여름철에는 애호박을 따서 얇게 썰어 멍석에 말리기도 하고 싱싱한 것은 바로 살짝 새우젓과 들기름을 넣고 데쳐서 맛있는 반찬으로 밥상에 오른다.

그러다가 해가 짧아지는 가을철이 되면 퍼렇던 애호박이 늙어서 머리통보다 크게 자라나고 색깔도 아주 누렇게 물들인다. 그리고 단단한 껍질을 갑옷처럼 입고는 자기 자리를 묵직하게 잡고 뭇사람의 시선을 끈다.

이렇게 늙은 호박은 적당한 것을 골라서 깨끗이 닦은 후에 배를 갈라 속에 있는 많은 호박씨와 건더기를 파낸다. 걸러 낸 호박씨는 잘 익을 것만 골라서 대나무 소반에 잘 밀린 후 주머니에 한 주먹씩 넣고 다니면서 두고두고 먹는다.

아이와 친구들은 호박씨를 입안에 세로로 세워서 이빨로 살짝 눌러 까고는 껍질만 '퉤'하고 뱉어 낸다. 그리고 기름이 잔뜩 밴 그 부드러운 속을 씹으면 고소해서 이를 멈추질 못한다.

그리고 호박 몸통은 여러 갈래로 쪼개서 솥에 넣고 푹 쪄서 그냥 먹기도 한다. 그러니까 두툼한 껍질의 안쪽 부드러운 속살을 수저로 조금씩 파먹으면 제대로 된 한 끼의 식사를 대신하는 요기가 되는 것이다.

이를 변형하여 달콤한 죽처럼 요리하면 '호박푸레기'라는 음식으로 진화되는데 이것은 한 끼를 때우는 것으로 매우 중요한 역할을 하기도 한다.

한편 뒷담 안쪽의 텃밭에는 마늘을 비롯한 여러 종류의 채소를 심어서 기른다.

그러면서 밭의 둘레에는 졸(정구지, 솔, 부추)을 심어서 여러 가지 음식으로 만드는데 특히 김치로 담가서 칼칼한 맛으로 먹기도 한다.

그러나 새파랗게 무럭무럭 자란 졸은 동네의 유일한 보신탕집인 '재화네'에서 가져가고 때로는 아버지가 먼저 잘라다가 주기도 한다. 그러면 그 집 주인은 손님에게 팔려고 끓인 보신탕 한 냄비를 답례로 가져온다.

이것은 쇠고기 같은 육류가 귀하던 시절에 그나마 가장 흔하게 대할 수 있는 고깃국이다. 그래서 아버지부터 먼저 드시고 남는 것이 있으면 식구들이 나누어서 먹을 수 있는 귀한 기회가 주어진다.

아침마다 감나무 아래로 뛰기

　동네는 몇백 호가 넘는 꽤 큰 농촌이지만 작고 파란 감이 빨갛고 예쁘게 익어 가는 감나무는 이상하게도 두 그루뿐이다. 이는 열대성 과일인 감이 겨울의 날씨가 추운 이 동네에서는 성장하기 쉽지 않아서 그렇다고 한다.

　한 그루는 '감나무 집'에 있고 다른 나무는 작은 동산과 같은 성당 입구에 있다. 그런데 파란 감이 조그마하게 열리기 시작하면 이곳에서는 감 줍기 전쟁이 시작된다. 감나무에 황백색의 예쁜 꽃이 지고 감이 열리기 시작해서 빨갛게 익기 전에 작고 파란 어린 감도 제법 감의 모양을 갖추고 있다.

　이때부터 친구들이 아침에 눈을 뜨고 일어나면 옷도 갖추어 입지 않고 눈을 비비면서 그곳으로 재빨리 달려가 떨어진 감을 줍는다. 만약 한 발짝만 늦어도 다른 친구가 모두 차지하기에 늦으면 완전 낭패다.

　이렇게 주운 감은 모아서 우물물에 대충 닦은 후 크기에 상관없이 뒤뜰 소금 항아리 속에 깊이 묻어 둔다. 그렇게 한동안 지나고 나면 감의 떫은맛은 어디론가 사라지고 달콤한 단맛을 내서 그냥 먹을 수 있게 된다.

　그런데 다행히 '감나무 집'은 아이의 집에서 멀지 않은 곳이어서 매일 연속해서 일등으로 달려가 어린 감도 많이 줍는다. 하지만 성당 입구에 있는 또 다른 감나무는 꽤 멀리 떨어져 있어서 다른 친구들의 차지가 되기가 허다하다. 그래서 어쩌다 가끔 대단한 횡재를 해야만 떨어져 있는 탱탱한 파란 감을 얻을 수 있다.

이렇게 몇 달 동안을 떨어진 파란 감을 찾아서 새벽부터 뛰어다니다 보면 달려가는 시간과 함께 어느덧 빨갛고 말랑말랑한 잘 익은 홍시가 뽐내고 자랑하며 내려다본다.

그런데 자식을 하나도 두지 못한 그 '감나무 집'은 어른이 대를 잇지 못한다고 불평하다가 결국 밖에서 작은 처를 구한다. 그렇게 사내아이를 한 명 얻었으나 본처의 강한 거부감으로 인하여 이내 집안의 분위기가 험악해지는 좋지 않은 일이 이어진다.

따라서 동네 어른들의 발길도 점차 적어지고 이웃과의 관계도 냉하게 차가워지면서 그 집의 많은 감도 벌레가 먹고 땅에 떨어져 쓸쓸하고 외롭게 익어 간다.

따라서 그 집에서 감을 줍기에는 오히려 편하게 되었고 동네 친구들도 멀리하면서 아이 혼자 감을 독차지할 수 있는 기막힌 기회를 맞는 아이러니한 일이 생긴다.

> 행복은 수단이나 환경에 있는 것이 아니고,
> 내 마음속에 있다.
> - 명언 한 줄 -

살살 녹는 아이스께끼

무더운 한여름이면 아이스께끼 장수가 자전거 짐받이에 나무로 만든 네모진 큰 통을 싣고 동네를 요란하게 돌아다닌다. 그 통 안에는 양철로 된 또 다른 아이스께끼 통이 있고 그 안에는 길쭉한 손잡이 막대기가 달린 달콤하고 차가운 얼음의 아이스께끼가 있다.

자전거를 끄는 아저씨가 큰 소리로 "아이스께끼!" 하고 외치면서 온 동네를 누비면 호기심 많은 동네 친구들은 사정없이 유혹당해 몰려든다.

친구들은 순식간에 그 자전거를 에워싸고 침을 흘리면서 아저씨의 눈과 마주치려 애를 쓴다. 혹시 재수가 좋으면 그 나무통과 양철통 사이에 얼음과자를 보온하기 위해 넣은 시원한 얼음이라도 한 조각 얻어먹을 수 있기 때문이다.

아이의 집 마당의 끝자락에는 100평 정도가 되는 밭이 있는데 여름철에는 대부분 마늘을 심어서 밑은 통통하고 줄기와 입은 싱싱하게 잘 자란다. 그런데 집에서 가장 먼 쪽 밭의 한두 평의 끝에서 자라던 마늘은 사라진다. 그래서 마늘밭은 군데군데 훤하게 대머리가 되고 맨흙을 드러낸다.

이렇게 만든 범인은 여름만 되면 마늘 세 뿌리를 몰래 뽑아 가서 아이스께끼 한 개와 바꾸어 맛나게 홀짝거리는 아이다.

어느 해에는 그 밭에 마늘을 심지 않아서 맛있는 아이스께끼를 먹을 수가 없게 된다. 그러나 참을 수 없던 아이는 가만히 묘책을 생각해 내 맛난 얼음과자를 먹고야 만다.

그 묘책은 바로 대청마루 밑에 소중히 모셔 놓은 아버지의 흰 고무신으로 아이스께끼를 사 먹는 것이다. 만약 새것을 가져가면 아이스께끼 아저씨는 부모의 허락이 없다는 것을 훤히 알고 빠르고 완강하게 퇴짜를 줘 절대로 받아 주지 않는다.

이런 사실을 잘 아는 아이는 낫으로 고무신 뒷부분을 살짝 찢고는 못 쓰는 신처럼 흠집을 낸다. 그렇게 해서 아이스께끼 장수에게 가져다주면 성공적으로 그 맛있는 아이스께끼를 먹을 수 있는 것이다.

그런데 이렇게 멋지게 성공한 후 시간이 지나서 별안간 어머니가 그 흰 고무신을 찾으신다. 그러면서 "이상하게도 이유 없이 고이 간직한 신이 없어졌다."라고 안절부절못한다. 이 일을 저지른 후 한동안 잠잠해서 완전히 성공한 것으로 믿고 마음을 놓고 있던 아이는 어머니의 이런 상황을 보고 더욱 당황한다.

"여기에 있던 아버지의 흰 고무신 못 보았니?" 하시며 의심하는 눈치로 어머니는 아이에게 묻는다.

그러면 "아뇨, 나도 모르겠네요." 하면서 편하지 않은 어머니의 두 눈을 피하면서 오리발을 내민다.

결국 한참 뒤에 부모님은 그 범인을 밝혀내지 못하고 영원히 아이와 이별하게 된다. 그 진실을 이실직고할 기회마저 잃어버린 아이는 그리움만 보태면서 가슴 아픈 사모곡만 부른다.

한여름 원두막 지키기

　동네 인근의 넓은 밭에는 여러 줄로 늘어선 긴 고랑에 노란 참외가 흙에 납작 엎드린 채 숨어서 서로 숨바꼭질하고 있다. 주변에는 아직 퍼렇게 덜 자란 것이 눈치를 주면서 여럿이 둘러앉아 이를 부러운 듯이 바라보고 있다.
　그런데 더러는 개똥참외와 퍼런색에다 규칙적으로 검은색 무늬를 아래로 칠한 개구리참외도 노란 참외에 섞여서 자기가 맛있다고 주장하며 간택을 기대하고 있다.
　이런 때에 간혹 참외밭 가의 좁은 흙길을 지나는 사람들이 샛노란 참외의 달콤한 향내와 맛에 홀려 그냥 지나치지 못한다. 결국은 주변을 연신 좌우로 살피다가 밭으로 들어가서 서리를 하는데 이를 주인은 막아야 한다.
　한편 동네의 참외밭 중에는 '마당 큰 집'의 것이 가장 규모가 커서 그 가족은 한동안 원두막을 짓고 밤에도 잠을 자면서 참외를 지킨다. 참외밭이 모두 잘 보이는 장소에 네 다리로 지붕을 머리에 이고 선 2층으로 된 원두막이 쓸쓸하게 밭을 지킨다.
　이 원두막은 노란 향기가 가득하고 넓은 참외밭 끝까지 망을 볼 수 있어야 한다. 이 엉성한 마룻바닥의 원두막은 그 사이로 지나가는 바람을 잡아서 지킴이의 얼굴을 스치게 하여 아주 시원하게 해 준다.
　어떤 날은 그 집 친구와 밭에서 잘 익은 참외를 따서 밖으로 나르는 일을 열심히 도와준다. 그리고 저녁에는 시원한 바람이 살랑살랑 스치는 원두막에서 잠을 자면서 망을 보는 일을 하게 된다.

　희미하게 검은 하늘에는 수많은 별이 쏟아지고 이미 반쪽이 된 반달은 밝은 눈을 아래로 뜨고 따뜻한 시선으로 아이와 눈을 맞추면서 살포시 내려다본다. 새벽의 찬 바람을 이기고 무사히 밤을 보낸 후 덜 깬 잠을 이기면서 부스스한 얼굴로 크게 하품을 하며 아침을 맞는다.

　그날 친구의 할머니는 아이가 수고했다고 못생긴 참외 몇 개를 주면서 집에 가져가서 식구들과 먹으라고 한다. 이에 신바람이 나서 곧바로 집으로 가지고 와 대단한 일을 한 듯이 어깨를 세운다.

　그러자 어머니는 자랑하는 어린 아들을 쳐다보면서 "참 잘했다."라고 칭찬하면서 환하게 웃는다.

　　　　　인생은 걸어 다니는 그림자일 뿐이다.
　　　　　　　- 윌리엄 셰익스피어 《멕베스》 -

볕에 말린 '강다리' 생선

아이의 동네는 인근 육지까지 깊숙이 들어온 바다만으로 이루어진 서해바다를 끼고 있다.

그래서 어린이의 손바닥보다 조금 크고 민물고기인 붕어와는 비슷하게 생긴 '강다리'라는 바다 생선이 아주 많이 잡힌다.

이 생선은 '밴댕이'와도 같은 모양을 하고 있으나 조금은 더 길쭉하다는 것이 다르다.

그래서 집집마다 양지바른 마당에는 크고 작은 멍석을 깔고 알이 통통하게 배서 배가 튀어나온 이 '강다리'를 고르게 잘 펴서 뽀독뽀독하게 말린다.

그런 후에 무를 넓적하게 썰어 넣고 고추장과 여러 양념을 넣고 조림하면 아주 값싸고 맛있는 생선찌개 반찬이 된다.

이렇게 말린 '강다리'는 바다가 가까이에 있어서 언제나 볼 수 있는 너무나 친근하고 익숙하며 값도 아주 싼 생선이다.

그러나 그렇게 많던 '강다리'는 몇 해 전 시작한 바닷물을 막는 방조제 공사를 마치고 민물을 가둔 이후에 완전히 그 자취를 감춘다.

아마도 바닷물과 민물이 섞이는 바다만을 산란의 적지로 하던 이 '강다리' 생선이 제방으로 인하여 사라진 것으로 보인다.

이 '강다리'는 넓적하게 썬 무 조각과 함께 매콤한 고춧가루로 양념해서 항상 꼬들꼬들한 육질로 입맛을 내준다. 그리고 그 가득하던 배속의 알은 담백한 맛을 더해 주던 아주 흔한 생선이다.

그러나 제방의 축조 이후 완전히 사라지고 자취를 감춘 전설의 생선으로서 아이는 늘 그 모습과 맛을 기억하게 되는 아주 고마운 생선이다.

누군가가 자신과 다른 길을 간다고 해서
그가 길을 잃은 것은 아니다.
- 달라이 라마 -

모내기 '새참'과 불청객 거머리

 농촌의 봄철에는 많은 일이 시작되지만 무엇보다도 가장 큰 일은 논에 모를 옮겨 심는 모내기이다.
 이 모내기는 물이 고인 논 한쪽 모판에서 파릇파릇하게 적당히 잘 자란 모를 손으로 쪄서 나르기 쉽도록 단으로 묶는 것부터로 시작한다. 그런 다음에 쪄낸 못단을 본래 심어야 할 논으로 옮겨서 골고루 편다.
 이렇게 못단을 나르고 논에 골고루 펴는 일을 하는 사람을 '모쟁이'라고 한다. 이 일은 일꾼 중에서 힘을 적게 쓰는 사람이 주로 하는데 그래서 간혹 어린아이가 맡기도 한다.
 그러니까 모쟁이는 여러 사람이 이미 모를 쪄서 적당한 정도의 크기로 만든 못단을 논둑으로 몇 단씩 날라서 논에 골고루 펼쳐 놓으면 되는 것이다.
 그러면 모를 심는 일을 하는 사람들이 주변의 그 못단에서 일부를 뽑아서 모를 들고 한 줄로 선다. 그런 다음 못줄을 띄우고 이에 맞추어서 "어영차~ 어영차~" 하며 장단에 맞춰 너덧 가닥씩 모를 심고 한 줄씩 앞으로 옮겨 가면 된다.
 무엇보다도 모쟁이 일 중에 최고의 순간은 당연히 세끼의 성찬 중간에 먹는 새참이다.
 멀리서부터 갖가지 음식을 손에 들고 또는 머리에 이고 다가오시는 어머니의 얼굴도 흐뭇한 웃음으로 가득하다. 이렇게 바리바리 가져온 광주리에는 온갖 맛있는 반찬과 찌개 그리고 한동안 보지 못했던 하얀 쌀밥이 그 향을 풍기면서 가득 담겨 있다.

여러 가지의 반찬 중에서 가장 맛있는 반찬은 고추장을 발라서 벌겋게 양념한 뱅어포다. 셀 수 없이 많은 뱅어가 꿈틀거리며 서로 납작하게 엉켜서 붙어 있는 모양새가 눈을 먼저 사로잡는다. 이는 매콤한 입맛을 당기면서 입안에 사정없이 침이 가득 고이게 하기 때문이다.

모를 심을 때 가장 괴롭히는 것은 거무스름한 색깔을 하고서 꿀렁꿀렁하고 헤엄치는 거머리이다. 이놈은 논에 있는 사람의 다리에 붙어서 빨판을 피부에 대고 특수한 액체를 분비하며 피를 빤다.

그래서 이 거머리를 발견하면 바로 둑으로 올라가서 거머리가 붙어 있는 다리의 반대쪽 손으로 사정없이 '탁' 하고 때려서 다리에서 떨어져 나가게 한다.

떨어진 거머리는 다리에서 빨아 먹은 피로 배가 볼록한 채 논둑 땅바닥에 뒹굴며 꿈틀거린다. 이때 종아리에서는 거머리가 먹던 피가 보이기 때문에 아주 혐오스럽지만 이를 그냥 무시하고 물로 '휙' 닦으면 조금 후에 피가 멎는다.

그런 후 아이는 겁도 없이 거머리를 손으로 잡고 논둑의 강아지풀이나 식물의 긴 줄기를 거머리의 꽁지에 대고 입 부분으로 과감히 밀어 올리면서 속을 뒤집는다. 그러면 당연히 이미 다리에 붙어서 빨았던 피가 뻘겋게 흘러나오면서 미끄러운 진액과 피부의 속살이 보인다. 이렇게 해서 일정한 시간이 지나도록 놔두어서 거머리를 잔인하게 죽이기도 한다.

이렇게 아이와 친구들은 거머리를 만만하게 봐 보복도 하고 그냥 잡아서 장난치면서 놀기도 한다. 그러나 '말거머리'라는 놈은 크기가 성인의 손가락만큼이나 크고 피도 많이 빨아서 아이들이 잔뜩 경계하고 겁도 많이 낸다.

한편으로 거머리를 미리 예방하는 조치로 평상시에 신다가 버리는 낡은 나일론 스타킹을 신고 일을 하면 된다. 이렇게 하면 거머리가 피부와 접촉하기 어렵기 때문에 거머리의 공격을 철저하게 방어할 수 있는 좋은 수가 된다.

또한 냇가나 논물을 대는 수로에서 물고기를 잡을 때도 이 거머리를 아주 많이 만난다. 그리고 포강(연못)에서 물놀이하고 헤엄을 칠 때도 주변의 거머리가 꿈틀꿈틀 다가와서 달라붙기도 한다.

아이가 서울에 처음으로 온 때도 변두리 냇가로 헤엄치러 갔다가 거머리가 붙은 한 서울 친구가 이에 놀라서 펄펄 뛰는 것을 보게 된다. 그래서 즉시 다가가서 아무렇지도 않게 손으로 거머리를 때려서 다리에서 떼어 준다.

그러자 주변에 있던 서울의 친구들은 용감한 아이라고 하면서 엄지손가락을 힘껏 세우며 신기하다는 듯 바라본다.

이 검은 거머리는 시골의 친구들과는 항상 가까이에서 지내지만 아주 껄끄럽기도 한 어른이 되는 성장의 동반자이기도 하다.

생복국이 만든 참극

어느 날 동트기 한참 전인 어두운 이른 아침에 누군가가 아이의 집 대문을 정신없이 급하게 두드린다. 이는 같은 동네의 멀지 않은 곳에 사는 우체국 집 큰딸이 헐레벌떡 달려와서 두드린 것이다.

이내 대문을 여니까 그녀는 대문 앞에 서서 어쩔 줄 모르며 "여기 아저씨는 무슨 일 없어요?" 하면서 두 발을 동동 구른다.

아침을 준비하기 위해 막 일어나신 어머니가 "아니, 아무개가 어쩐 일이야? 우리 애아버지는 별일 없는데." 하며 얼른 말을 받는다. 급한 이 모습을 보고 재차 "왜 무슨 일이 있어?" 하고 말을 이어 간다.

그러자 그 누나는 "우리 아버지가 밤에 주무시다가 그만…." 하며 말을 잊지 못하고 별안간 아주 슬프게 울먹인다.

잠도 제대로 못 깬 채로 엉겁결에 어머니를 쫓아 나가서 엄마 손목을 잡고 서서 이 모습을 본 아이는 깜짝 놀란다. 그러면서 엄마의 얼굴을 커다란 눈으로 쳐다보면서 이내 말없이 잡은 손에 잔뜩 힘을 준다.

아이의 어머니는 그 누나 어깨를 감싸면서 마음을 진정시키고 "이렇게 알려 주어서 고맙다."라고 하신다.

그리고 이내 "우리 집 어른은 괜찮다." 하고 말한 후 "조금 후에 너희 집에 가겠다."라고 한다.

그러자 누나는 발길을 돌려서 후다닥 황급하게 빠른 걸음을 옮긴다. 그 뒷모습이 아주 슬프고 너무나 당황해서 그런지 허겁지겁하는 발걸음이라서 마음이 더욱 아프다.

이렇게 큰일을 치른 후 아버지에게 전하여 들은 구체적인 이야기는 이러하다. 전날 오후에 썰물이라서 바닷가 갯벌에 세워 둔 통통배(고깃배)에서 우체국장님과 아버지 그리고 동네 어른 한 분이 만나 이야기를 나누면서 술을 드셨단다.

그곳에서 배 주인이 직접 잡은 복어로 매운탕을 끓여 주어서 안주로 함께 먹은 것이다. 그런데 아이의 아버지는 선천적으로 술을 잘 못해서 조금만 드시고 복어로 만든 찌개 안주도 거의 먹지 않았다고 한다.

그러나 다른 아저씨 특히 우체국장 아저씨는 소주와 복어탕을 안주로 해서 맛있게 드신 것이다. 나머지 어른 한 분도 그 안주를 조금만 드셔서 다행이었지만 우체국장 아저씨만 불행한 결과가 초래된 것이다.

이후 아이는 성인이 되는 날까지 이 트라우마로 인하여 한동안 남들이 맛있게 먹는 복어탕과 같은 복어로 만든 음식을 먹지 못한다.

<u>우리는 기적으로 향하는 문을 여는 열쇠를 가지고 있다.</u>
<u>그것은 바로 사랑이다.</u>
- 명언 한 줄 -

흑염소 돌보기와 동생

농촌에서는 쌀과 같은 곡식 등을 팔아서 생기는 수입이 가정에서 생활하는 아주 주요한 수입원이 된다. 그러나 많은 식구의 생활비로는 턱없이 모자라거나 부족해서 이를 보완하려고 집에서 소나 돼지와 같은 가축들을 열심히 기른다.

그래서 이렇게 기른 가축이 다 크게 되면 시장이나 수요자에게 내다 팔아서 생활비에 보태는 것은 아주 일반적이고 중요한 일이다.

그러나 아이의 집은 돼지울에 돼지를 키우려고 해도 잘 크지 않고 이유 없이 자꾸 죽는다. 그래서 어머니는 "우리는 짐승과 연이 많지 않아서 잘 안된다."라며 짐승을 기르는 것에 대하여 대단히 비관적이다.

그렇지만 한번은 아버지가 처음으로 흑염소 새끼 한 마리를 사 와 기르게 된다. 아이는 대단한 호기심과 열정으로 잔뜩 기대하고 있다.

그래서 낮에는 흑염소를 논두렁에 내다 묶어 놓았다가 저녁이 되면 끌고 집으로 오는 일을 맡아서 하게 된다. 그러던 중 하루는 네 살 어린 남동생과 함께 흑염소를 데리고 오려는 생각으로 아침에 매어 놓은 논으로 간다.

그런데 한참 마을 끝을 지나가는 도중에 별안간 사정없이 쏟아지는 굵은 소낙비를 만난다. 그래서 같이 있던 동생을 얼른 중간에 있던 이웃집의 바깥 변소로 피신시킨다.

그러나 동생을 잠시 피신시킨 것을 몽땅 잊어버린 아이는 정신없이 흑염소만 데리고 집으로 돌아와 매어 논다. 비 맞은 옷을 바꾸어 입고 머리를 툭툭 털며 한시름 놓으면서도 동생을 임시로 피신시킨 것을 알아차리지 못한다.

한편 그것을 모르는 어린 동생은 형을 한없이 기다리면서 조금씩 흘러 들어오는 빗물을 맞으며 힘겹게 냉기를 버티고 있다. 결국 한참 후에 동생이 피신하던 화장실의 주인아주머니가 힘이 빠져 축 처진 동생을 발견하고 얼른 등에 업어 바쁘게 아이의 집으로 찾아온다.

그제야 비를 피하려고 동생을 그곳에 머물게 한 것을 생각해 내고는 고개를 떨구면서 미안하다고 연신 아주머니에게 사과한다.

그 아주머니의 말에 의하면, 동생이 그곳에서 옷 일부가 젖은 채로 비를 맞고 쓰러져서 정신을 거의 놓은 채 떨고 있었고 그때 마침 일을 보려고 그곳에 갔다가 깜짝 놀라서 얼른 안방으로 데려가 젖은 옷도 말리고 몸도 따뜻하게 해서 겨우 정신을 차리게 하였다고 한다.

그러면서 화난 모습으로 정말로 아주 끔찍한 큰일이 일어날 뻔했다고 목소리를 높인다.

이후부터 아이는 동생을 볼 때마다 미안함을 지우지 못하고 그 생각에 가슴을 쓸어내리면서 '천만다행'이라고 생각한다. 무엇보다 절대자인 하느님의 은총이라 믿으면서 늘 감사한 마음을 깊게 새기곤 한다.

✦ 돌로 상처 낸 미안함 ✦

 어느 날 점심으로 달콤한 호박죽을 배불리 먹고 여러 동네 친구를 만난 아이는 놀거리를 찾아 소방서 마당 앞을 떠들썩하게 지나간다.
 그런데 네 살 어린 막내 남동생이 뒤에서 형들이 가는 곳에 자기도 가겠다고 응석을 부리면서 따라온다. 이에 아이는 동생이 따라다니는 것을 귀찮다고 생각하고 동행을 거절하면서 여러 번 매정하게 밀쳐 낸다.
 그러나 고집이 아주 세고 형과 같이 놀고 싶은 마음이 크던 동생은 포기하지 않고 일정한 거리를 두면서 계속해서 뒤를 졸졸 따른다.
 이에 아이는 화를 잔뜩 내면서 신작로에 있던 작은 돌을 집어서 동생을 향해 던지며 적극적으로 차단한다.
 그런데 그만 던진 돌 중 하나가 동생의 머리에 정통으로 맞았고 이내 동생은 손을 머리에 대면서 아프다고 자리에 주저앉아 울음을 터트린다.
 그것을 보고 깜짝 놀란 아이는 바로 달려가 살펴보니 동생의 머리에서 피가 조금 보인다. 머리가 많이 찢어지거나 깨지지는 않았으나 마음속으로는 너무나 놀라서 당황한다.
 그래서 허겁지겁 대충 동생의 머리에 난 상처 부위를 손으로 꼭 눌러서 대고 나오는 피를 막는다. 그리고 곧바로 집으로 돌아가서 놀란 엄마한테 모든 사실을 이실직고한다.
 이것을 본 어머니도 화들짝 놀라시면서 이내 동생의 머리를 살피고 된장을 바르며 지혈 등 필요한 조치를 한다. 그러면서 동생을 데리고 다니면서 사이좋게 같이 놀지 않고 이런 큰 사고를 쳤다며 대단히 야단치면서 아이를 혼낸다.

  아이는 이유 여부를 떠나서 동생에게 아주 미안한 마음으로 잘못한 짓임을 크게 뉘우치며 고개를 깊이 떨구고 아무 말도 하지 못한다.

  그 일 이후부터는 막내인 동생을 아끼고 사랑하는 마음이 점점 커져 서로 사이좋게 지내는 형제 사이가 된다.

자신에게 더욱 집중하라.
남의 삶에 한눈을 팔며 살기에는 인생이 너무 소중하다.
- 명언 한 줄 -

발 동상에 대한 민간요법

　한 무리의 동네 친구들이 썰매를 어깨에 메고 서로 앞서고 뒤서며 잔뜩 신난 모습으로 얼음이 꽁꽁 얼어붙은 논으로 향한다.
　조금 나이가 들어 머리가 큰 상급생 몇몇은 외발 썰매의 발판에 구멍을 하나씩 내고 거기에 긴 썰매 송곳의 꼬챙이를 끼워 큰 걸음으로 발걸음을 재촉한다.
　얼음판 논에 도착한 친구들은 이리저리 또는 나란히 줄지어 썰매를 타면서 각자 자기만의 묘기를 부리기에 정신이 없다. 차가운 날씨지만 이렇게 친구들과 모여서 타는 썰매는 아이의 얼굴에 땀방울이 송송 맺히는 것도 잊게 하고 마냥 즐겁기만 하다.
　썰매 발판의 뒷부분을 몸의 체중을 이용해서 발뒤꿈치로 힘을 주면 외발 썰매의 칼날이 얼음판을 깊게 파면서 브레이크의 역할을 한다. 이것은 달리던 썰매라도 급정거가 가능할 수 있게 해서 물에 빠지기 쉬운 녹은 얼음판을 피할 때 아주 유용하다. 그리고 이런 기술은 외발 썰매 타기의 기본적인 기술로 친구들도 거의 익히고 있어서 가장 많이 쓰는 기술이다.
　논에서 썰매를 탈 때마다 물에 빠지는 위험을 겪는 일이 제일 염려되고 조심해야 한다. 가끔은 포강과 같은 깊은 물의 얼음에서 썰매를 타다가 아주 끔찍한 일로 온 동네가 시끄러워진다.
　또한 추운 날씨와 차가운 얼음에 의해 발이나 손이 어는 동상은 부모님의 커다란 근심거리가 된다.
　어느 날 아이도 자신의 썰매 타기 기본기를 과신하고 논 가장자리로 요리조리 달리다가 살짝 녹아 있던 얼음에 그만 발이 빠진다. 얼른 논둑으로 올라가 신과 양말을 벗고 논 주변에 남아 있는 지푸라기를 모아서 미리 준비한 성냥으로 불을 피운다.

그리고 따뜻한 불에 젖은 발을 녹이면서 양말을 말리면 양말에서는 하얀 김이 모락모락 피어오른다. 그러다가 아차!! 그만 양말이 불에 그을려서 구멍이 생긴다. 그러나 이를 몰래 버리거나 숨기지 않고 그대로 집에 돌아와서는 엄마한테 슬쩍 넘겨준다.

그러면 양말에 구멍을 냈다며 큰소리로 지청구하고 아이는 얼른 두 손으로 귀를 막고 다른 짓을 하면서 모른 척 피한다. 하지만 이미 얼었던 발은 동상이라는 문제를 만들고 만다.

이렇게 아이와 동네의 많은 친구들은 매년 발에 동상을 달고 지내야 하는데 특히 따뜻한 아랫목에라도 가면 발가락이 무척 가려워서 참기가 힘들다. 그래서 밤에 잠을 잘 때면 가려워서 그곳을 긁느라고 밤잠도 설치는 경우가 허다하다.

그러면 엄마는 대체 의학인지 아니면 전통적인 요법인지 알 수 없는 치료법을 동원한다.

누런 콩이 몇 되 들어 있는 포대 자루에 두 발을 넣어서 그 콩들 사이로 발이 들어가도록 한다. 그리고 포대 입구를 단단히 동여매고 밤잠을 자는 수고도 여러 날 동안 계속해야 한다.

또 다른 처방으로는 여름에 수확한 마늘대를 삶은 따뜻한 물에 동상이 걸린 발을 20여 분 동안 담가야 하는 기묘한 민간요법도 써야만 한다. 이러한 특별 치료법은 별로 효과를 보지는 못하나 병원이 없는 시골에서는 아주 흔하게 활용하고 널리 알려져 있다.

동네에서 소문난 보신탕집

　동네의 경찰지서 앞을 가로지르는 넓은 신작로는 흙길이면서도 잘 다져져 있는데 서울로 가는 버스가 하루에 단 2번 지나고 마차만 가끔 이용한다. 그리고 이 신작로는 지서 앞에서 동네 뒷산과 성당으로 이어지는 마찻길과는 사거리를 이루고 있다.
　성당으로 이르는 길의 중간쯤에는 커다란 느티나무 한 그루가 떡하니 서 있다. 이 느티나무 그늘에는 탁 트인 갯벌과 논에서 불어오는 시원한 바람으로 더운 여름날이 되면 동네 어른들이 늘 모여서 더위를 식힌다.
　그러던 날씨가 더운 어느 여름날 그 나무 그늘에서 몇 명의 동네 어른들이 더위를 식히며 쉬고 있다. 어른 중에는 노름을 좋아하기로 소문난 어른과 다리를 약간 절면서 구멍가게를 운영하는 분도 있다.
　그때 마침 그들의 옆으로 중간 크기의 누렁이 개 한 마리가 지나가자 갑자기 구멍가게를 하시는 다리를 저는 어른이 말한다.
　"저거 한 방이면 보내는데." 하니까 옆에 있던 노름을 좋아하던 아저씨가 "그거 쉽지 않을걸?" 하면서 약간 비웃는 웃음을 짓는다.
　그러자 "그럼 우리 내기하자?" 하면서 "내가 한 방으로 죽이면 당신이 개 값을 내고 만약 못 보내면 내가 개 값을 치르겠소. 어떻소? 할 거요?"
　그러자 노름을 좋아하는 아저씨가 "좋소." 하면서 이에 전적으로 동의하여 내기가 성사된다.
　얼마 후 길가 옆집에서 도끼를 빌려 온 구멍가게를 하는 절름발이 아저씨가 "메리 메리~~" 하면서 개를 가까이 오도록 손짓하며 유혹한다.

그렇게 아무것도 모르는 개를 부른 후 가까이 다가오니까 허리춤 뒤에 숨겼던 도끼로 개의 머리를 사정없이 힘차게 내려친다. 그러자 개는 이내 "깨개갱~" 하고 외마디 비명을 내면서 그 자리에 '푹' 쓰러진다.

이에 절름발이 아저씨는 자기가 이겼다고 의기양양하게 기세를 올리면서 "개 값은 자네가 치르게나." 한다. 그러고는 개를 불에 태워서 털을 제거해야 한다며 인근의 논둑으로 쓰러진 개를 가지고 간다.

그런 다음 주변에 남아 있던 볏단을 구해서 한편에 쌓아 놓고 그 위에 개를 올려 불을 붙인다. 얼마 후 불이 한참 타오르니까 불 속에 있던 누렁이가 별안간 벌떡 일어나서 몸에 불이 붙은 채로 인근 공터로 이리저리 정신없이 뛰는 것이다.

아이는 너무 깜짝 놀라서 옆에 있던 동네 아저씨 뒤로 재빨리 숨고 아저씨가 감싸면서 안전하게 보호해 준다. 이리저리 몸에 불을 붙인 채로 날뛰던 개는 곧 쓰러져서 진짜로 숨을 거둔다.

내기를 건 두 아저씨는 이런 경우에는 누가 이겼는지에 대하여 서로의 주장을 열변하며 끝까지 결론도 못 내고 결국 멱살잡이하면서 심하게 다툰다.

한편 이렇게 여름철이 되어 무더위가 기승을 부리면 '○○네 집'이라는 동네에서 보신탕을 전문으로 하는 엉성한 음식점이 성수기를 맞는다.

항상 시원하고 풍성한 배 바지를 입고 있으면서 성격도 쾰쾰한 뚱뚱이 아줌마가 그 집의 주인이다. 그런데 동네의 모든 어른과는 아주 친하고 화통해서 격이 없이 지낸다.

그런데 이 집에서 보신탕의 주재료가 되는 부추는 항상 아이 집 뒤뜰에 푸르고 싱싱하게 잘 자란 졸(부추)을 뜯어 가서 사용한다. 그 대신 대가로 보신탕을 한 냄비 가득히 가져오는데 이는 정말로 맛있는 특별한 별식이다.

그러나 아이는 이렇듯 그때 너무 놀라고 당황스러운 광경을 경험한 이후부터는 여름철이 되면 늘 먹던 맛있는 보신탕을 영원히 멀리하게 된다.

인생의 최대 영광은 실패하지 않는 것이 아니라,
넘어질 때마다 일어나는 것이다.
- 넬슨 만델라 -

공동 우물 청소하는 날

　집 인근인 경찰지서의 뒤편에는 작은 마찻길 네거리가 있는데 이곳은 동네의 랜드마크가 되기도 한다. 이유는 오래되고 커다란 성당과 동네 사람들이 자주 땔감을 구하러 가는 뒷산으로 이어지는 사거리이기 때문이다.

　바로 그곳에 삿갓같이 생긴 큰 지붕을 머리에 쓰고서 자기 울타리를 시멘트로 반들반들하게 만든 '공동 우물'이 있다. 이곳은 주변의 여러 이웃집이 공동으로 사용하는 곳으로 동네의 명소이기도 하다.

　그 덕분에 아이는 작은 체구지만 어머니를 대신하여 가끔 물지게를 지고 이 우물물을 집으로 퍼 나른다. 그런데 그때마다 힘에 부쳐서 물지게가 흔들거리며 물로 바지를 적시곤 한다.

　이 우물의 지붕은 함석으로 덮어서 빗물이 바로 들어가지 않도록 하고 그 안쪽 가운데 대들보에는 두레박을 쉽게 올리도록 도르래가 달려 있다. 이 도르래에는 쓰고 버린 폐타이어를 길게 잘라서 만든 튼튼한 고무줄에 두레박을 달아서 쉽게 우물물을 끌어 올리게 되어 있다.

　그런데 외지인이 이 우물의 물맛을 보면 한결같이 갯벌과 가까이 위치한 이유로 물의 맛이 조금 짜다고 말하곤 한다.

　그러나 점심이나 저녁밥을 할 때가 되면 동네의 아낙네 여럿이 모여서 질그릇에 보리쌀을 담아 와서 싹싹 문지르며 닦는다. 그리고 때로는 커다란 고무 그릇(다라)에 빨랫거리를 잔뜩 가져다가 쌓아 놓고 방망이질로 마음에 쌓인 응어리를 시원하게 풀어내기도 한다.

이렇게 이 공동 우물물은 아주머니들이 깔깔거리면서 환하게 웃는 얼굴로 즐겁게 담소하는 아주 흥미로운 동네의 명소 중 하나인 것이다.

그런데 이 우물물은 항상 깨끗이 유지하기 위해서 매년 일정한 날을 잡아서 우물물을 모두 퍼내고 그 안을 청소한다. 그리고 물 퍼낸 우물에 어른 한 분이 두레박줄을 타고 5~6미터가 되는 바닥으로 내려가서 주변의 이끼 등을 손과 청소 도구로 닦아 낸다.

그러면 그동안 사람들이 실수로 우물물에 빠트린 귀한 동전이나 기타 가사용품 등을 부수입으로 챙길 수도 있다. 그래서 어른과 애들이 잔뜩 모여서 호기심 어린 눈으로 청소하는 안쪽을 내려다보고 구경한다. 눈을 집중하는 가장 큰 관심거리는 과연 그 안에서 과연 무엇이 나올까? 하는 것이다.

그리고 청소를 한 이후 한동안 시간을 두고 기다리다가 새 물이 다시 고이면 다시 정상적으로 이용한다. 이처럼 우물물을 퍼내는 행사는 아이에게도 매우 흥미로운 마을의 행사이며 관심사로 매년 즐거운 마음으로 기다린다.

야바위에 모두 털린 이웃집 형

　60년대의 시골 생활은 아주 궁핍하고 삶이 정말 힘들어서 많은 친구들이 초등(국민)학교도 제대로 가지 못하고 부모를 따라서 농사일을 해야만 했다. 따라서 중학교에 진학하는 남자아이는 20~30퍼센트 정도이고 여자아이는 10~20퍼센트 정도가 될까 말까 하다.
　동네에는 아이보다 다섯 살이 많은 '이 아무개'라는 형이 사는데 이 형네 집도 너무 가난하여 중학교의 진학은 꿈도 못 꾼다. 그래서 남의 집 농사일에 품삯을 받고 다니거나 기회가 되면 막일도 가리지 않고 해야만 한다.
　그러다가 긴 앞날을 생각해서 많은 돈을 벌기 위하여 공산품인 물건을 사다가 인근 주변의 마을에 다니면서 파는 일을 하게 된다.
　이를 위해서 중고 자전거를 사기 위해서 어렵게 남에게 빚을 얻는다. 그리고 매일 새벽마다 흙길인 신작로를 따라서 약 60리나 되는 인근 도시에서 물건을 사다가 이웃 동네 곳곳을 다니면서 판다.
　처음부터 장사는 그런대로 잘되어서 빚도 갚고 돈도 좀 버는 듯하여 막 재미를 붙이면서 이 일에 몰두한다. 그러던 어느 날 물건을 사러 간 그 도시의 거리에서 그만 야바위꾼을 만나고 그의 유혹에 빠져서 그날 장사 밑천이 되는 돈을 모두 잃는다.
　그는 하늘이 무너지는 짓을 하여 후회도 되지만 이젠 어쩔 수 없이 빈 자전거를 타고 동네로 가야만 했다. 그러니 그의 눈앞이 캄캄해지면서 여러 가지 생각으로 걱정이 밀려온다.

그러다가 문득 분뇨(똥, 오줌)를 푸는 일을 떠올리고 그것이라도 하면 된다고 생각하면서 자신을 달래 본다. 그 형은 아무래도 보통 그런 일은 하려는 자가 많지 않을 것이라 믿고 그러기에 아무 때라도 일하기를 청하면 쉽게 구직할 수 있을 것으로 알았다.

그래서 어쩔 수 없이 바로 그날부터 시작하기로 결심하고 여러 곳에 묻고 물어서 한 회사를 찾아가 구직을 청한다. 그러나 회사 관계자는 보증금이 필요하다고 하면서 보기 좋게 청을 바로 거절한다.

이에 아무런 이유 없이 승낙할 것으로 생각하던 그 형은 다시 한번 하늘을 멍하니 쳐다보며 중얼거린다.

"뭔 똥 푸는 데도 보증금이 필요해?" 하면서 기가 막히는 일이라고 헛웃음 짓고 결국 돌아선다. 그렇게 그냥 밤늦게 아무도 모르게 자전거를 타고 빈손으로 동네로 돌아와서 자기 부모에게 이러한 창피한 사실을 모두 어렵게 털어놓는다.

그리고 가족이나 동네 사람을 볼 염치가 없다며 잠도 설치고 다음 날에 무작정 서울로 상경한다. 이후 그는 영영 종적을 감추고 다시는 동네에 나타나거나 보이지 않았고 결국 잊히게 된다.

✦ 여자 동창의 못 이룬 꿈 ✦

동네에는 나이가 같아 초등(국민)학교를 같이 입학해서 다닌 얼굴이 참하고 조용한 여자 동창생이 있다.

그녀는 소문이 날 정도로 얌전하고 성당에도 충실하게 다니는 모범적인 이웃의 학생이다. 천주교 신앙심이 두텁고 일반 생활도 모범적으로 해서 온통 동네에서 인정받는 동창생이다.

초등(국민)학교를 졸업하고 몇 년 뒤 사춘기도 넘긴 나이가 되면서 그녀는 성직자인 수녀가 되기를 간절히 원한다. 그러나 소녀의 부모님으로부터 도통 허락을 받지 못하고 그것으로 오랫동안 고민이 깊어만 간다.

그러던 어느 날 모두가 깜짝 놀랄 만한 비보가 온 동네에 퍼진다.

그 여자 동창생이 자기 뜻이 이루어지지 않자 결국 집에서 스스로 자결하는 것을 선택했다는 것이다. 원래부터 천성이 착하고 자태도 아주 고왔던 동창이 이렇게 되자 사람들은 그녀의 부모를 탓하며 너무나 안되었다고 입을 모은다.

그러면서 그녀의 안타까운 사연에 동네 사람 모두가 마음으로 천국에 가기를 기도하면서 추모한다. 성당의 신부님도 그녀의 뜻은 이해하지만 결국 주님의 거룩한 말씀을 어긴 것이라서 매우 아쉽고 슬프다고 강론한다.

이 일로 아이는 종교와 죽음이라는 것에 대하여 조금은 어렴풋이 생각하게 되고 이별이라는 것도 마음에 두게 된다.

이후 유서 깊은 성당이 아름답게 자리 잡은 이 동네의 젊은 신자 중에서 신부님과 수녀님도 여럿을 배출하게 된다. 그러나 어떤 친구는 신부님이 되기를 간절히 원하고 노력했으나 최종적으로 특별한 이유가 생겨서 아쉽게도 포기하고 만다.

시골에서는 성직자가 되는 과정도 비교적 어려운데 특히 유교적 전통이 강한 집안에서는 가족의 동의를 받는 것이 그리 쉽지 않다.

이처럼 마음이 아픈 일로 친구 한 명을 먼저 하늘나라로 이별하고 세월이라는 단어와 함께 시간은 소리 없이 지난다. 그리고 동네 사람들과 아이는 아무런 일도 없는 것처럼 조용한 침묵 속에 삶을 이어 간다.

절대 후회하지 마라.
좋았다면 추억이고, 나빴다면 경험이다.
- 캐롤 터킹턴(미국) -

소몰이 사고와 위험한 그네뛰기

농촌의 아담한 집들이 옹기종기 모여 있는 아이의 동네는 제법 커서 또래 친구들도 아주 많다. 그래서 항상 모여서 즐기는 큰 기와집 마당에는 떠들썩한 친구들의 활기찬 소리로 가득하다.

그런데 동네 어른에게 전해서 들은 한 이야기가 아이의 귀에서 한참 동안 맴맴 돌면서 마음을 아프게 한다.

오래전에 열대여섯 살 정도가 되는 동네 형이 인근의 뒷산 근처에서 소에게 꼴을 먹이고 내려오다가 큰 변을 당했다고 한다.

그러니까 그 형이 소의 목줄을 손목에 여러 번 꼭 감고 집으로 내려오던 중에 마침 흐린 날씨에 '우당탕' 내려친 천둥소리에 그만 소가 놀래서 별안간 날뛰었다고 한다. 그러나 바로 손목의 줄을 놓거나 풀어 놓지 못하고 한동안 놀란 소에 질질 끌려다니면서 온몸에 상처를 입고 결국 세상을 떠났다고 한다.

그 이후 소몰이 때는 소의 목줄을 손목에 절대로 꽁꽁 매지 말고 살짝 잡고 있어야 한다고 충고한다. 그래야 혹시 그와 비슷한 일로 소가 날뛰어도 그냥 소 줄을 얼른 놓아줄 수 있다. 그래야 사례와 같거나 다른 위험을 피할 수 있다고 여러 번 되풀이하면서 어른들은 강조한다.

또 다른 슬픈 이야기는 초등(국민)학교에서의 일이다.

아이가 1학년에 막 입학하고 얼마 안 되었을 때 상급생 4학년이 풍선을 입으로 불면서 재미있게 그네를 타며 논다.

그러다 풍선을 입에 대고 호흡하는 과정에서 풍선이 '훅' 하고 깊게 목까지 딸려 들어간 것이다. 그래서 이 풍선이 기도를 막아서 결국 숨을 쉬지 못하는 상황이 발생한 것이다.

조그만 시골 학교라서 즉시 필요한 응급조치를 하지 못하였고 결국 선배인 그 소녀가 숨지는 안타까운 사고가 일어난 것이다.

그래서 그런지 널찍한 운동장 한쪽 구석에 놓여 있는 그네를 뛰는 학생이 한동안 많이 보이지 않았다. 아이도 그곳 그네에 가면 약간 무서운 그 이야기가 생각나서 조금은 멀리한다.

그러면서 얼굴도 모르는 선배 누나지만 왠지 모르게 참 안되고 불쌍하다는 생각을 지울 수가 없다.

형형색색의 풍선이 어린이에게 즐겁게 놀 수 있는 좋은 놀잇감이지만 아이는 어린 시절에 그런 위험성도 갖고 있다는 것을 일찍이 간접 체험으로 알게 된다.

어제와 똑같이 살면서 다른 미래를 기대하는 것은
정신병의 초기 증세이다.
- 알버트 아인슈타인 -

2. 개구쟁이가 모인 큰 마당

변화는 있지만, 변함없는 사람이면 좋겠다.

- 명언 한 줄 -

깡통 차기와 '다방구'

동네 친구들은 그들의 본거지인 큰 마당에 모이면 왁자지껄 소란하게 이런저런 놀이를 즐기면서 정신없이 자기들의 세상에 빠져든다.

먼저 '깡통 차기' 놀이를 많이 즐기는데 이는 마당 한가운데에 둥근 작은 원을 그려 놓고 그 안에 미리 준비한 찌그러진 깡통을 가져다 놓는다.

이 깡통은 구하기가 어렵지만 어쩌다 귀한 부잣집에서 내용물을 다 먹고 버린 것을 친구들이 여기저기에서 주워 모은 것으로 소중한 놀이 기구다.

먼저 이 놀이에 참여한 친구끼리 다 같이 '짬뺑이(가위, 바위, 보)'를 해서 술래를 정한다. 그리고 정해진 술래는 다른 친구가 작은 원의 안에 있는 깡통을 발로 차지 못하도록 방어해야 한다.

먼저 술래는 사방으로 흩어져 도망 다니면서 공격하는 친구들이 깡통을 발로 차려고 접근할 때 그를 손으로 '터치'해서 아웃시켜야 한다. 만약 공격하는 친구가 깡통을 차고 원 밖으로 멀리 보내면 술래는 깡통을 다시 그 원 안으로 가져다 놓아야 한다.

그래서 공격자가 술래 몰래 접근해서 원 안의 깡통을 발로 차 멀리까지 보내면 유리하게 된다. 그 이유는 성공적으로 깡통을 차면 이전에 깡통을 차려고 접근했다가 술래에게 잡혔던 친구들도 모두 되살아나서 도망갈 수 있기 때문이다.

그래서 깡통을 차고 나간 친구는 풍악이라도 울리거나 그 신나는 소리를 듣는 것과 같은 짜릿한 쾌감을 느끼는 것이다. 즉 잡혀 있던 다른 친구를 구했다는 마음에 기분은 최고가 되고 의기는 승천하는 것이다.

  그러나 술래가 공격자를 모두 잡으면 술래를 면하고 다시 모여서 술래를 정해 계속 이어 나가는 놀이다. 깡통이 떼굴떼굴 굴러가면서 내는 '떨그렁떵그렁' 하는 요란한 소리는 놀이에 빠진 친구들 모두에게 환호와 커다란 쾌감을 주며 묘한 재미를 더한다.

  동네 친구들이 즐기는 또 다른 놀이 중의 하나는 '다방구' 놀이이다.

  이 놀이는 흔하게 하던 숨바꼭질과 비슷하여 술래가 숨어 있는 공격자를 찾아서 조금이라도 먼저 정해진 집을 손으로 터치하면 공격자는 아웃이 된다.

  그래서 먼저 다방구 놀이를 시작하는 장소의 한 벽에 미리 술래의 집을 정하고 술래는 이곳을 꼭꼭 지킨다.

  그리고 게임을 시작하면 공격자는 여러 곳에 흩어져 숨어 있으면서 술래를 피한다. 그러다가 공격하는 다른 친구가 술래 몰래 집에 다가가 "다방구!"라고 하며 잡힌 친구 중 누구든지 손으로 터치하면 모두가 다시 살아나서 뿔뿔이 도망쳐서 각자 숨는다. 그러면 술래는 남아 있는 공격자와 다시 도망친 친구들을 모두 잡아야만 한다.

  한편 공격하다가 술래에게 잡힌 친구는 다시 술래의 집인 그 벽에 손을 대고 서 있어야 한다. 그러니까 '다방구'를 하려고 시도하다가 술래한테 잡히면 모두 손을 잡고 길게 서서 또 다른 공격자가 '다방구' 해 주기만을 기다려야 한다.

  그러나 만약 친구들이 모두 잡히면 일단 놀이는 종료하게 되고 술래를 다시 정하여 공격과 방어를 바꾸어서 이어 간다. 따라서 술래는 이미 붙

잡은 친구들도 철저히 방어하고 살피면서 나머지 공격자를 잡아야 하는 어려움이 있다.

이렇게 '다방구'를 외쳐서 술래에게 잡힌 친구를 구하기 위해서는 모든 지형지물을 이용하고 여러 가지를 효과적인 작전도 펴야만 한다.

그렇게 아이와 동네 개구쟁이들은 서편 하늘에 빨갛게 해가 기우는 것도 잊은 채 와자지껄한 목소리로 큰 마당을 가득 채운다.

마음에 덕을 쌓으면 운명도 바꿀 수 있다.

- 心德勝命 -

목자(돌)치기의 기술

　동네에서 가장 넓은 마당을 가진 집에 모인 친구 중 서너 명은 그룹을 지어서 의례적으로 '목자치기'를 즐긴다. 여기서 '목자'는 적당한 크기의 돌을 말한다.
　따라서 이 놀이에 참여한 아이와 친구는 각자 손바닥 정도의 크기가 되는 얇고 납작한 돌을 구해서 자기의 고유한 목자로 정하고 활용한다.
　땅 위를 잘 미끄러질 수 있는 납작한 돌을 구하는 것이 우선이다. 이는 마치 전쟁터에서 개인 무기를 활용하는 것과 같이 전용 목자를 만들어서 활용해야 하는 것이다.
　마당 한쪽에 옆으로 목표가 되는 긴 선을 긋고 그곳에 자기가 목표로 정한 지점에 다른 납작한 돌을 세워 놓는다. 그런 후 놀이에 참여한 친구들은 자기가 준비한 목자를 반대편 일정한 거리에 그어 놓은 또 하나의 선을 향하여 각각 던진다.
　그래서 다른 친구보다 그 선을 넘지 않은 안쪽에 가장 가까이 목자를 던진 자의 순서대로 순번을 정한다. 그런 다음 이 차례에 의하여 각자 목자를 자기가 세워 놓은 돌을 향하여 넘어질 수 있게 던진다. 결국 자기가 세워 놓은 목표를 자기의 목자로 정확히 맞추어서 쓰러지게 하거나 가까이에 붙인 친구가 승자가 된다.
　그런데 먼저 던진 친구의 목자를 뒤에 던진 친구가 맞혀서 다른 쪽으로 밀어 내거나 움직이게 하여 선에 가깝도록 만들어도 그대로 인정을 받는다.

그래서 자기의 손에 잘 맞고 매끄럽고 납작한 데다 적당한 크기의 던지기 편한 돌이 필요하다. 그러게 돌을 고른 아이와 친구들은 계속해서 훈련하며 단련하곤 한다.

게임에서 이긴 친구는 진 친구에게 일정한 수의 딱지를 받거나 미리 정한 다른 요구 사항의 내용을 획득할 수 있다. 이렇게 계속 놀이를 즐기다가 어떤 이유가 생겨서 상대할 친구가 적어지거나 놀이를 포기하면 종료한다.

따라서 이 경기에서 가장 중요한 것은 자기의 '목자'가 납작하고 단단하며 땅에서 잘 미끄러지는 것이 매우 중요하다. 그래야만 목표가 되는 돌을 향하여 던졌을 때 생각한 방향과 거리로 똑바로 가서 돌을 맞추거나 선에 가까이에 간다.

그리하여 아이는 때때로 이러한 납작한 목자를 구하러 돌이 많은 곳을 찾아 헤매는 고생을 하기도 한다. 동네 친구들은 각자 대략 서너 개의 이러한 목자를 항상 가지고 있다. 그리고 동네에는 제법 목자치기를 잘하는 친구들이 많아서 실력도 서로 용호상박을 이룬다.

오색유리로 만든 소구치기

넓은 마당의 다른 한편에서는 유리로 된 소구치기를 하면서 요란법석인데 그 방법은 두 가지가 있다.

먼저 일대일로 소구를 땅에 던져 놓고 그 자리에서 순번을 정하여 상호 교대로 그 소구를 향해 던져서 상대의 소구를 맞추면 된다. 이렇게 맞힌 소구를 획득하고 맞추지 못하면 다음은 교대로 친구에게 그 기회가 넘어가는 게임인데 제일 흔하게 하는 놀이다.

그래서 어떤 친구는 소구를 상대방의 것에 가까이 던져 놓고 상대가 먼저 공격하기를 유도하고 빗나가면 바로 공격해서 성공하는 수를 쓰기도 한다. 그러나 바로 상대의 공격이 성공하면 그 작전은 실패하고 자기의 소구를 상대방에게 빼앗겨 잃게 된다.

그런데 유리로 된 아끼던 소구가 가끔 돌같이 단단한 것에 맞고 깨지는 일도 생겨서 아이와 친구들의 기분을 많이 상하게 하는 일도 있다.

또 다른 소구 게임은 일정한 곳에 흙을 조금 파거나 둥근 선을 긋고 그 안에 각자가 소지한 소구를 미리 정한 숫자만큼 넣는다.

그리고 일정한 거리(5~6미터)에 선을 긋고 그 위에 서서 참가자가 순번을 정하여 교대로 다른 소구를 이용해서 그 소구들을 향하여 하나씩 던진다. 그렇게 던진 소구로 인해서 놓아둔 소구가 맞아 구멍이나 둥그런 원의 밖으로 튕겨 나가면 그것을 획득하는 방식이다.

그래서 자기가 던지기 좋아하는 전용 소구를 정하여 놓고 게임에 임하는데 가능한 한 크기가 큰 소구를 사용하는 것이 유리하다.

이렇게 게임으로 수십 개 또는 수백 개의 소구를 모아서 자랑하는 친구가 많다. 또는 간혹 특별한 날에 생기는 용돈으로 구멍가게에서 새것을 사기도 한다. 그렇게 모은 소구를 그릇에 담아 놓고 소중하게 보관하면서 뿌듯한 마음을 갖기도 하고 게임도 즐긴다.

아이도 유리 소구를 수백 개 정도를 항상 소지하면서 그것을 닦고 몇 번이고 세고 있으면 그때마다 친구들이 아주 부러운 눈치를 보낸다. 이처럼 아이와 친구들이 각자 갖고 있는 소구의 모양과 개수는 아마도 그 친구의 행복 지수가 되는 것이다.

내가 있는 곳이 바로 낙원이다.

- 볼테르 -

오징어 가이생(게임)과 힘겨루기

　친구들은 날마다 시간이 나면 양철집 넓은 마당에 모여 여러 가지 그들만의 놀이에 빠져서 정신이 없다.
　그중에서도 여러 명의 많은 친구가 어울려서 함께 즐기는 놀이로 일명 '오징어 가이생'이 최고로 활동적이며 격렬하다. 이 놀이에 참여한 자는 한 팀에 5명 이상으로 해서 두 팀으로 나누고 상호 공격과 방어를 교대하는 게임이다.
　먼저 공격팀은 둥근 오징어 모양으로 그려진 큰 원 안에 있고, 방어하는 팀은 오징어의 안쪽에 있다가 시작과 함께 움직인다.
　공격팀은 필요에 따라서 원과 오징어의 안쪽으로 통하는 사이의 공간을 건너뛰어서 바깥으로 왔다 갔다 내왕할 수 있다.
　그러다가 오징어의 안쪽에 있다가 원 밖으로 나와서 방어하는 상대자 몰래 또는 그들을 피해서 길게 이어진 통로를 따라 달린다. 그런 후에 마지막으로 그 긴 통로를 무사히 지나 정해 놓은 골(목표)을 밟고 서서 '만세'를 외치면 승리하는 게임이다.
　반면에 이를 방어하는 팀은 오징어 원 안에 있는 공격자가 밖으로 나오지 못하게 지키면서 막는다. 만약 공격자가 나오려는 순간 그를 몸으로 밀어 내서 선을 밟게 하면 아웃이 되고 바로 공격자에서 제외된다.
　그리고 혹시 공격자가 원을 나와서 좁은 통로를 따라 만세를 부르려고 목표 쪽으로 뛰어가면 우선 오징어 안쪽에 있는 방어자가 이를 필사적으로 막는다. 결국 목표(골)에 이르는 오징어 몸통의 안쪽 영역은 방어자가 진을 치고 있다가 공격자를 물리쳐야 하는 것이다.

또한 공격자가 목적지에 이르는 지역은 대체로 좁고 길게 그려진 좁다란 통로로 되어 있다. 그래서 이곳을 공격자가 지날 때는 선 밖에서 대기하던 방어자가 그를 통로 밖으로 밀어 내기 쉽다.

그래서 오징어 바깥쪽에 나가 있던 방어자는 그곳을 가로질러 횡단하면서 지키다가 목표를 향해 오는 공격자를 통로 밖으로 밀어 내야 한다.

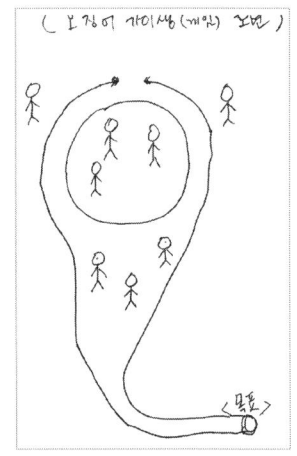

그러면 그 공격자는 실패하게 되고 이렇게 잡힌 공격자는 더 이상 공격하지 못한다. 결국 모두가 잡히면 공격과 수비를 교대하여 이어 간다.

따라서 전체적으로 재빠른 몸놀림과 눈치 빠른 상황 판단과 계획된 작전을 잘 펴야만 승리할 수 있다.

그런데 이 놀이를 위해서는 큰 마당의 흙에 오징어 게임을 위한 오징어 모양의 그림을 흰 선으로 그어야 하는데 이때 주로 사용하는 것이 곱돌이다. 이 곱돌은 하얀색이 그어지는 매우 연한 돌의 일종이다.

그러니까 이 곱돌의 뾰족한 쪽 모서리를 흙에 대고 '꾸욱' 누르면서 그으면 하얀색의 선이 분필처럼 땅에 그려지는 것이다.

이것은 주로 산에서 나기 때문에 아이와 친구들은 시간이 날 때마다 이것을 구하기 위해 산으로 몰려가기도 한다. 친구들은 항상 서너 개의 곱돌을 주머니에 보물처럼 넣고 다니면서 필요할 때 아껴서 사용한다.

그런데 아주 멀고 외진 산골짜기에서 같은 학교에 다니는 아이의 동급생이 종종 많은 곱돌을 가져다준다. 그래서 아이는 곱돌 부자가 되어서 동네 친구들의 부러움을 사기도 한다.

길을 가다 돌을 보면,
약자는 걸림돌, 강자는 디딤돌이라고 한다.
- 토머스 칼라일(영국) -

마당이 좁아지는 '땅따먹기'

 까만 양철 지붕의 친구 집 커다란 마당에는 저녁 무렵까지 아이와 친구들이 이리저리 뛰어다니며 흥얼거리는 소리로 시끄럽다. 마당 한편의 강렬한 햇빛이 가려진 그늘에서는 아이와 친구가 서로 눈을 마주하면서 땅따먹기 놀이에 여념이 없다.
 상대방의 동의하에 미리 정한 한 곳에 선을 그어서 자기의 땅이라고 작은 구역을 표시한다. 그런 후에 그 안에서부터 더 차지하고픈 땅을 향하여 작은 돌을 손가락 두 개로 세 번을 차례로 튕긴다. 그래서 마지막 튕긴 돌이 자기 구역으로 무사히 돌아오면 돌이 움직였던 점과 선이 이어진 그 안쪽을 자기의 땅으로 넓혀 가는 놀이다.
 만약 욕심이 과해서 큰 땅을 얻으려고 너무 멀리 돌을 보내 세 번에 자기 땅으로 들어오지 못하면 실패하게 된다. 그리고 다음 돌을 튕길 수 있는 차례가 상대방에게 넘어간다.
 이 같은 방법으로 서로 기회가 계속해서 주어지며 반드시 성공을 해야만 자기의 땅을 점차 넓힐 수 있는 것이다. 그래서 작고 납작한 돌을 손가락 두 개로 적당하게 잘 튕겨야만 성공하기 때문에 그 돌을 구하는 것에 신경을 많이 써야 한다.
 이와 같이 욕심이 너무 과해서 돌을 멀리 튕기면 세 번에 자기 영역으로 돌아오지 못한다. 따라서 당연히 실패할 확률이 커지는 위험을 감수해야 한다. 그래서 요령껏 힘을 조절하여 적당한 크기로 점차 영역을 확장해 상대보다 큰 땅을 차지해야만 결국 승리한다.

아이는 한참 동안을 이렇게 정신없이 놀다가 엄마가 저녁 먹으라고 보낸 누나를 따라서 놀이를 마치고 집으로 간다.

저녁밥을 먹은 후에 식구들이 바깥마당의 밀짚 멍석에 둘러앉아 담소하면서 편안하게 더위를 식힌다. 마당 한쪽에는 모기를 쫓기 위해 피운 모닥불에서 뿌연 연기와 구수한 냄새가 연신 코에 스며든다.

그리고 한편에는 코뚜레 줄을 말뚝에 매어 놓은 이웃집 어미 소가 '음매~' 하면서 우리를 힐끔힐끔 쳐다본다.

그리고 달빛도 없는 까만 하늘에는 흰 무리의 은하수가 잔잔히 흐르고 크고 작은 수많은 밝은 별들이 알 수 없는 말을 속삭이면서 내려다보고 있다.

가끔 서쪽 바다로 긴 꼬리를 달고 바쁘게 스쳐 지나가는 별똥별은 어디로 가는 걸까?

그것은 아마도 시골 아이의 마음속으로 떨어지는 예쁜 작은 꿈인지도 모른다.

모든 것은 나로부터 시작된다.
- 김구 -

장난감 권총과 만든 총

성당 바로 아래에는 빨간 벽돌로 예쁘게 벽을 쌓고 양철 지붕을 한 동네에서 유일한 멋진 양옥집이 한 채 있다. 따라서 평범한 시골의 집보다는 도시 양옥의 외관을 갖춘 집이다.

그런데 어느 날 그곳에 아픈 사람을 치료하는 의원(병원)이 최초로 개원한다. 그 이전에는 동네에 친구의 아버지가 운영하는 약방만이 하나 있을 뿐이고 다른 의료 시설은 전혀 없었다.

그래서 오래전 아이의 어린 시절에 큰누나가 화롯불에 데어서 손에 화상을 입는 일이 있다. 이때 민간요법으로 글을 쓸 때 사용하는 누나의 잉크를 화상 부위에 검게 바르고 약방에 갔다가 약종상인 친구 아버지에게 매우 혼이 난 일이 있단다.

이런 현실에서 잠시지만 '노' 씨의 성을 가진 의사가 도시에서 이사를 와서 그 집에 '노의원'이란 상호로 신식 의원을 낸 것이다.

그런데 그 의사의 가족 중에는 아이와 나이가 비슷한 또래의 귀한 아들 한 명이 있다. 그가 가지고 놀던 플라스틱으로 만들어진 권총은 건전지를 넣어서 방아쇠를 당기면 처음 듣는 이상한 소리를 내면서 빨갛고 파란색의 빛을 번쩍거린다.

또 다른 총은 모양새가 진짜와 아주 똑같으며 가게에서 파는 딱총 화약을 하나씩 찢어 넣고 쏘는 것이다. 그러니까 총의 방아쇠를 당기면 약실에 넣은 화약이 터지면서 '땅' 하고 소리만 요란하게 나 깜짝 놀라게 한다.

이런 신기한 권총을 직접 만져 보고 싶은 아이는 고구마를 주면서 그 친구에게 은근히 잘 보이려고 눈치를 살핀다. 이런 총은 너무나 멋져서 갖고 싶으나 살 돈도 없고 그러한 장난감을 파는 가게도 동네에는 없어서 '언감생심'이다.

그래서 아이는 평소대로 톱을 이용하여 집에 있는 송판을 권총 모양으로 비슷하게 썰고 다듬어서 총을 직접 만든다. 그리고 바지 허리춤에 차거나 손에 들고 다니면서 종종 총싸움 놀이도 즐긴다. 특히 전쟁놀이할 때는 필수품으로 꼭 소지한다.

한편 아이가 조금 더 컸을 때는 수제 총을 만드는 기술이 조금 더 발전한다. 그러니까 못 쓰게 된 우산의 중심대인 쇠 파이프를 이용해서 실제로 납탄이 발사되는 수제 총을 만드는 것이다.

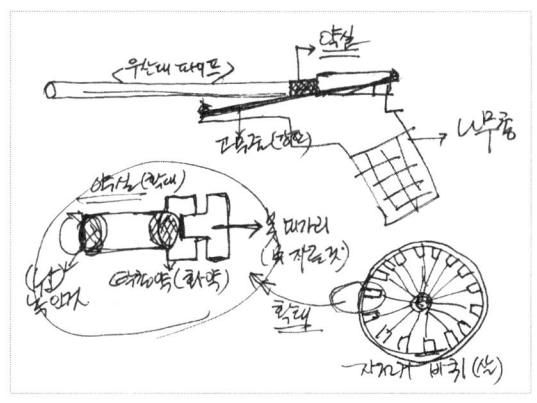

이 나무총에는 기본적으로 강한 고무줄을 이용해서 격발 기능을 갖추어야 한다. 그리고 가게에서 파는 딱총용 화약도 필요한데 이 화약은 종이에 여러 개의 아주 작은 화약을 붙여 놓은 것이다.

그리고 자전거를 고치는 집 주변에서 자전거 바퀴의 바큇살을 연결하는 여러 개의 작은 나사를 몇 개 구해서 이를 실탄의 집으로 만든다. 이렇게 구한 나사의 한쪽 구멍을 액체로 녹인 납으로 막는다. 그런 후에 그 나사 속에 딱총용 화약을 적당히 넣고 다른 쪽 구멍은 다시 양초를 녹여서 막는다. 그러면 총의 실탄 모양을 제대로 갖추게 되는 것이다.

그런 후에 나무 송판으로 만든 총 모양의 총열에 길게 홈을 파고 우산대 파이프를 대 고무줄로 빙빙 돌려서 단단히 고정한다. 그리고 미리 준비한 자전거 바큇살 나사로 만든 실탄을 이 수제 총의 약실 부분에 넣는다.

그리고 손으로 노리쇠를 밀어서 총을 격발시키면 진짜 총처럼 실탄의 화약이 '꽝' 하고 터진다. 그러면 그 순간 화약이 터지는 압력에 의해서 막았던 반대편의 작은 납이 우산대로 만든 총열을 통하여 앞으로 힘차게 날아간다.

이렇게 수제 총을 만드는 것이다.

이 총으로 과녁을 만들고 명중시키는 연습도 하지만 그 명중률은 아주 낮다. 그러나 이 총으로 신나게 온 동네를 돌아다니면서 자랑도 하고 새들이 모이는 나무 곁에 숨어서 새를 노린다. 그러면 새들이 이를 미리 알고 후다닥 날아가 버려서 매번 허탕이다.

하지만 아이는 이를 전혀 낙담하지 않고 마냥 즐겁게 '다음에는 얼마나 정교한 총을 만들까?' 하는 고민만 있을 뿐이다.

고무줄 새총과 새 잡기

집 주변에는 새들이 종종 나뭇가지에 앉아서 짹짹거리고 집 안 마당 수채(하수구)에는 쥐들도 쉼 없이 먹이를 찾아 들락인다. 거기에는 밥찌 꺼기와 같은 먹다 남은 음식물이 종종 남아 있기 때문이다.

그런데 아기들 기저귀를 허리에 매는 노란 고무줄은 탄성이 좋고 질겨서 새총을 만드는 기본 재료로 아주 좋다.

굵은 철사를 이쁘게 Y 자 모양으로 만들고 이 고무줄을 나란히 두 줄로 연결한다.

마지막으로 돌(실탄)을 감싸는 부분은 진짜 가죽을 구하거나 아니면 가죽처럼 튼튼한 헝겊으로 만들어서 완성하면 된다.

물론 공장에서 만든 새총은 큰 가게에서 팔기도 하지만 가격이 너무 비싸고 아이는 돈도 없기에 그것을 사는 것은 불가능하다. 단지 구경만 해도 기분은 최고로 좋아지고 때때로 흥분되기도 한다.

그래서 아이는 하는 수 없이 집에서 직접 새총을 만든다.

이를 위해서 집 주변에서 Y 자 모양의 '탱자나무' 가지를 잘라서 아궁이 불에 살짝 구운다. 이 탱자나무 생가지는 부드러우나 불에 살짝 구우면 매우 단단하고 강하게 변하기 때문이다.

그리고 노란 고무줄은 보통 아기가 있는 집에서 기저귀 줄을 구하거나 어머니를 졸라서 어렵게 새것을 사기도 한다.

또한 가죽은 구하기 어려워서 아버지의 허리띠를 몰래 잘라야 한다. 그러나 오래된 가죽 허리띠를 구하기가 어려울 때는 단단한 천을 두세

겹으로 만들어 이용하기도 한다.

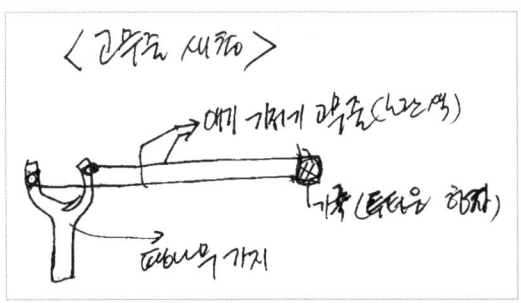

이렇게 만든 고무줄 새총으로 아이는 엄지손가락 한 마디 크기의 돌을 잔뜩 주워서 주머니에 넣고 다니다가 이를 하나씩 꺼내서 대상을 조준하고 쏜다.

주로 새를 잡기 위해서 쏘지만 가끔은 빗나가서 이웃집 문이나 장독대에 맞기도 하는데 혼날 걱정으로 뒤도 안 보고 허겁지겁 달아난다.

그리고 이 새총으로 새를 잡으려고도 하지만 그것에만 주력하지 않고 주로 집 안의 수채에 종종 나타나는 쥐새끼를 잡으려고 많이 사용한다. 부엌 쪽 대청마루 끝에 몰래 숨어서 수채를 향하여 온 신경을 쏟아 고무줄을 세게 당겨 조준한다. 그렇게 조용히 눈치를 살피면서 기다리다가 쥐가 두리번거리며 나오면 떨리는 마음을 가라앉히고 순간적으로 발사한다.

그러나 성공하는 경우는 거의 없고 파편이 엉뚱한 방향으로 튀어서 위험한 상황이라도 만들면 엄마한테 대단히 혼이 난다.

이것이 쥐새끼가 많은 시골의 집에서 생기는 재미있고 흥분되는 쥐잡기 놀이의 하나가 된다. 특히 초등(국민)학교 숙제 중에서 '쥐 꼬리 가져오기'가 부과되면 결과와는 전혀 상관없이 고무줄 새총을 연신 바쁘게 쏘아 댄다.

동행이란 같은 방향으로 가는 것이 아니라,
같은 마음으로 가는 것이다.
- 명언 한 줄 -

나무칼과 칼집 만들기

　동네의 가게에서 살 수 있는 플라스틱 칼집이 있는 긴 칼은 멋지고 정교하나 너무 가볍고 약한 것이 흠이다. 그래서 직접 나무로 칼을 만들어서 허리나 등에 길게 차고 다니다 또래 여러 명이 모이면 칼싸움 놀이를 한다.

　뒷산에 올라가서 소나무 중에 약 5센티 지름에 마디가 길고 전체 길이가 대략 1미터 정도 되는 가지를 톱으로 잘라 집으로 가져온다. 그리고 바로 나무의 껍질을 벗기고 양면이 칼 모양이 되도록 낫으로 조금씩 깎는다.

　이처럼 둥글었던 나뭇가지가 점차 칼날과 칼등의 모양이 된다. 그러면 칼끝을 뾰족하게 잘 다듬고 그 반대쪽 가지가 있던 부분의 아래 굵은 가지는 약 20센티가 되도록 잘라 내고 잘 다듬어서 손잡이로 만든다.

　이 손잡이는 나무칼을 손으로 잡기 편하게 멋지게 깎아 조각한다. 다이아몬드 모양 음각으로 파면서 멋을 부리면 칼을 잡았을 때 미끄럽지 않고 칼을 단단하게 잡을 수 있다.

　또한 칼이 완성되어 칼싸움할 때 상대의 칼날이 손에 직접 닿지 못하도록 방어 턱인 긴 칼의 '코등이'를 만든다. 그러기 위해서 긴 소나무의 중간에 있는 가지가 이어지는 마디를 활용한다. 마디를 적당한 크기와 모양으로 다듬고 살리면 아주 멋진 코등이가 되는 것이다.

　또한 긴 칼집은 커다란 종이 상자를 길게 잘라서 반으로 접고 터진 부분을 바늘로 적당히 꿰맨다. 그리고 입구의 끝부분에 구멍을 내고 줄을 매서 허리띠에 연결하면 된다. 이 칼집에 손수 만든 긴 칼을 넣고 우측 허리에 차면 멋쟁이 칼잡이가 되는 것이다.

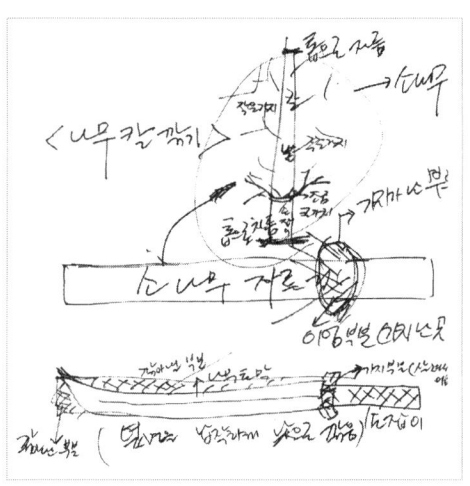

이렇게 자기만의 멋진 긴 칼을 갖고 있으면서 누가 더욱 멋지고 단단하게 잘 만들었는가는 항상 칼싸움 놀이에서 동네 친구들의 관심사이다.

그 나무칼을 정말 멋지게 잘 만드는 한 친구는 깎은 나무칼의 건조가 끝나면 멋지게 색칠까지 해서 큰 칼과 칼집을 진짜와 흡사하게 만들기도 한다.

대나무 통으로 만든 총

아이와 친구들은 대나무를 이용한 총도 직접 만들어서 이리저리 동네를 뛰어다니면서 서로 발사하기도 하고 피하면서 천방지축으로 즐긴다.

이 대나무 총은 지름이 약 1~2센티 이내 크기의 대나무 양쪽 마디 안쪽을 톱으로 잘라서 한 개의 대나무 통이 되게 하고 그 속을 깨끗이 닦아 낸다.

그리고 약 30센티 정도가 되는 단단한 막대기 하나를 더 준비하는데 이것은 자유롭게 대나무 속으로 밀어 넣을 수 있는 굵기여야 한다.

이러한 준비가 끝나면 주변에서 적당하고 부드러운 종이를 구해서 입에 넣고 침을 묻혀 가며 부드럽게 씹어서 차지게 만든다. 그런 다음 준비한 대나무 총을 막을 수 있을 만큼의 크기로 떼어 낸다. 그리고 대나무 총의 앞과 뒤에 공기가 절대로 새지 않게 꼭꼭 막는다.

그런 후에 별도로 준비한 막대기를 대나무 총의 한쪽에 막아 놓은 씹힌 종이에 살짝 대고 순간적으로 힘차게 총 안쪽으로 밀어 넣는다.

그러면 반대쪽에 씹어서 막았던 다른 종이 덩어리가 대나무 속의 순간적인 공기 압력에 의해서 '딱' 소리와 함께 대나무 총 밖으로 빠르게 날아간다.

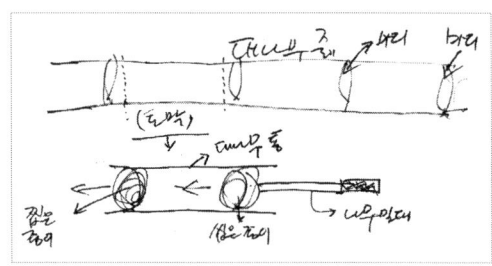

이런 방법으로 미리 만들어 놓은 과녁이나 물건에 앉아 있는 파리도 맞추고 가끔 친구에게 서로 쏘아 대면서 낄낄거리며 노는 것이다. 그러나 이때는 서로 급소에 해당하는 눈 부위에 맞지 않도록 대단히 조심해야 한다.

그리고 종이를 잘 씹어서 대나무 총에서 바람이 새지 않게 완전히 막아야만 하고 무엇보다 중요한 것은 순간적으로 아주 빠르게 밀어야만 멀리 힘 있는 총이 된다는 것이다.

이 대나무 총의 그 크기와 발사 거리를 서로 재면서 성능과 모양이 얼마나 좋은지를 따져 보는 것도 동네 친구들의 아주 중요한 뉴스거리이고 관심사이기도 하다.

내가 옳다면 화낼 필요가 없고,
내가 잘못했다면 화낼 자격이 없다.
- 간디 -

대나무 활과 수숫대 화살

　아랫동네와 친구들이 무리를 지어 전쟁놀이할 때는 대부분 나무칼을 옆구리에 차고 준비하면서 각자 맘껏 멋을 낸다. 그리고 일부 친구들은 대나무 활과 화살을 챙겨 들고서 싸울 준비가 되었다며 힘을 보태고 의기양양하게 큰 소리로 떠들어 댄다.

　먼저 대나무 활을 만들기 위해서는 어른 엄지손가락 정도가 되는 대나무를 잘라서 잔가지를 모두 쳐 낸다. 그리고 자기 키의 반보다 조금 안 되는 크기로 자른다. 그런 후 부엌에서 아궁이 불에 대면서 둥글게 양손으로 휘면 쉽게 구부러진다.

　그리고 양 끝을 단단한 줄로 이어 매면 팽팽한 탄성이 생기는데 이것이 바로 화살을 잡고 당기는 가장 중요한 활줄이다. 활줄을 당기는 힘이 적당하도록 팽팽함을 조절해야만 힘이 덜 들고 쏜 화살이 자기가 생각한 거리까지 날아갈 수 있어서 매우 중요한 작업이다.

　반면에 잘 날아가는 화살과 촉을 만들기 위해서는 우선 밭에서 자란 수숫대에서 가장 위에 매끈하고 길쭉하며 마디가 없는 부분을 찾아서 구한다. 굵기는 새끼손가락 정도이고 직선으로 잘 뻗은 것을 모아서 화살 크기로 자른다.

　그런 후에 한쪽은 화살촉으로 만들기 위해 집 안방의 바느질 실패에서 가장 큰 바늘 아니면 뾰족하고 가느다란 못을 엄마 몰래 가져와서 사용한다.

　그다음 준비한 수숫대인 화살에 이것을 박고 고무줄로 그 부분을 칭칭 감아서 빠지거나 더 이상 밀려서 들어가지 않도록 단단하게 고정한다.

또한 화살의 다른 반대편에는 닭의 깃털을 구해서 화살의 날개를 적당하게 단다. 그러나 깃털을 구하지 못하면 그냥 활줄과 접촉하기 편하게 화살의 단면에 작은 홈을 만들어 그 접촉을 편하게 한다.

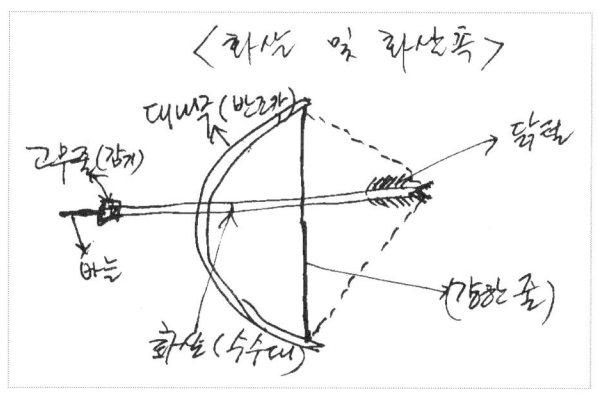

이렇게 만든 활과 화살은 위험해서 보통 사람에게 향하여 쏘지는 않고 위협용으로 쓰거나 나무에 있는 새나 집에서 자주 마주치는 쥐에게만 쏜다. 그러나 생각보다 명중률이 낮아서 속상하고 기운도 빠지지만 '슉~' 하고 화살이 공간을 날아가는 모습은 흥분되면서 쏠쏠한 재미를 준다.

그런데 화살이 대상물에 꽂히면 뽑아서 다시 써야 하는데 이때 화살촉이 잘 안 빠지는 애로가 발생하기도 한다. 수숫대인 화살에서 오히려 바늘인 화살촉만 빠져나오는 경우가 종종 있어서 이를 조심해야 하는 어려움이 있다.

대나무로 활을 만들고 수수깡을 화살로 쓰면서 어린 궁수가 자랑스럽게 뛰어다니는 동네의 골목길은 언제나 활기차고 흥분된다.

맛난 논우렁이 된장찌개

　동네와 갯벌에 이르는 사이에는 오래전에 둑을 쌓아서 간척한 논들이 꽤 넓게 잘 정비되어 있어서 동네의 대단한 자랑거리이다.

　논들의 중간에는 기다란 사각형 모형을 한 큰 면적을 자랑하는 일명 '긴 포강'이라고 불리는 커다란 연못이 있다. 그래서 물을 가득 채운 이 포강을 중심으로 주변의 논들은 비록 심한 가뭄에도 어느 정도의 논물을 댈 수가 있다.

　또한 멀지 않은 이웃 지역에 있는 커다란 저수지와 이어진 농수로도 논들 사이를 동맥처럼 이어 줘서 웬만한 가뭄은 끄떡없이 견딜 수가 있다.

　한편 가을철이 가까워지면 논의 벼를 추수하기 위해서 본격적으로 논에서 물을 모두 빼내고 논바닥을 말려서 발로 밟기 편하게 만든다. 이는 논바닥이 질퍽하지 않도록 해야만 일하는 사람들이 낫으로 벼 베기가 수월하기 때문이다. 그러니까 다가오는 벼 수확을 조금이라도 편하게 해야 하기 위함인 것이다.

　그런데 이렇게 논바닥의 벼 포기 사이가 말라서 촉촉하고 매끈한 진흙에는 여기저기 작은 구멍들이 보인다. 이 구멍은 물이 줄면서 논우렁이가 논바닥의 진흙으로 들어가며 만들어 놓은 숨 쉬는 구멍이다.

　그래서 이때는 수로가 아닌 논에서 아주 편하게 우렁이를 잡을 수 있다.

　논바닥의 흙 속에 파고 들어가 있는 논우렁이는 이처럼 바닥에 조그만 숨구멍을 내고 있어서 시골의 개구쟁이들도 누구나 쉽게 찾아낼 수 있다. 그 숨구멍을 찾아내서 끝이 뾰족한 호미 같은 작은 농기구로 살짝 파내면 된다.

　그러면 속은 거무스름하고 딱딱한 자기 집을 온몸에 뒤집어쓰고 숨어 있는 논우렁이를 발견할 수 있다. 이 논우렁이는 자기 집 입구를 손톱 같은 모양의 단단한 뚜껑으로 세게 당겨서 꽉 막고 있다.

　집으로 가져온 이 아주 큼지막한 논우렁이는 샘이나 우물물에서 깨끗이 씻고 아궁이의 솥에 넣고 살짝 삶는다. 그리고 식힌 후 껍데기를 한 손으로 잡고 젓가락을 이용해서 속의 우렁이 살을 꺼낸다.

　그리고 시꺼먼 내장 부분을 잘라 버리고 살덩이만 골라서 어머니가 애지중지하는 오래된 된장과 여러 가지 채소와 함께 뚝배기에 넣는다. 작은 아궁이 불에서 자글자글 끓으면 정말로 맛있는 우렁된장찌개가 되는 것이다.

　이는 무엇과도 나눌 수 없는 어머니의 맛으로 아이의 입안에서 맴돌며 영원히 남아 있게 된다. 따라서 이 우렁된장찌개는 항상 고향의 맛으로서 향수를 느끼게 하고 더불어 그리운 어머니를 부르는 '사모곡'이다.

삶은 언제나 희망을 말한다.
- 명언 한 줄 -

멋진 '용잠자리' 잡기

 동네 가까이에 펼쳐진 넓은 들녘이 누렇게 물들어 가는 가을철이 되면 벼를 베기 시작하면서 동네는 온통 바쁘고 풍요로워진다.
 이런 때는 높고 파란 하늘 사이를 낮게 무리 지어 동네와 들판을 이리저리 바쁘게 잠자리가 날아다닌다. 그중에는 배가 누런 된장잠자리와 빨간 고추잠자리가 가장 많다. 이들은 하늘 여기저기를 몰려다니면서 온통 판을 치고 아이와 친구들을 유혹한다.
 그런데 가끔 배 부분이 규칙적으로 검은색과 빛나는 파란색으로 띠를 두른 '용잠자리(왕잠자리)'도 섞여서 나른다. 그 이름처럼 상상의 동물인 용을 닮은 듯 아주 멋진 자태를 가진 이 용잠자리는 크기도 가장 크고 모양과 색이 너무나 아름답다.
 그래서 친구들의 표적이 되고 온 힘을 기울이면서 이 잠자리 잡기에 너도나도 바쁘다. 따라서 용잠자리를 많이 잡는 친구는 영웅이 되는데 이렇게 잡은 것을 바늘로 한 마리씩 찍어서 판자에 나란히 붙여 채집하기도 한다. 이것은 나중에 학교에서 곤충 채집이라는 숙제를 내주거나 특별히 필요한 때에 제출하기 위해서이다.
 이런 용잠자리는 암놈 한 마리를 잡은 후에 다리를 양팔 정도 길이의 흰 실로 묶는다. 그런 후에 실의 다른 한쪽 끝을 막대기에 다시 묶어서 잡힌 용잠자리가 조금은 자유로이 날 수 있도록 고정한다.
 그리고 이 막대기를 잡고 자연스럽게 일정한 거리를 유지하면서 잠자리를 하늘에 날린다. 그러면 얼마가 되지 않아서 주변에서 날아다니던

보다 멋지게 생긴 수컷들이 짝짓기하려고 달려들어 이 암컷의 꼬리에 붙는다.

그러면 땅 쪽으로 빙그레 돌면서 자연스럽게 땅에 내려놓고 암컷에 붙어 있는 수컷을 얼른 손으로 잡는다. 이렇게 해도 수놈은 절대로 도망가지 않고 암놈과 붙어 있는 채로 그대로 잡힌다.

아이는 이것이 정말로 신기하다고 생각하면서 고개를 갸우뚱한다.

이런 식으로 한나절 오후에만 예닐곱 마리를 잡아 이를 자랑하면서 최고의 기분을 낸다. 그러면 주변에서 이 왕잠자리를 별로 잡지 못한 친구들이 이를 부러워하면서 은근히 질투하기도 한다.

뭉게구름이 수를 놓은 가을의 높고 파란 하늘에서 영롱하게 빛나는 용잠자리의 자태는 정말로 아름답고 신비스럽다. 이렇게 가을이 되면 '용잠자리'가 높고 파란 하늘에서 이리저리 자유롭게 날갯짓하며 아이의 마음을 들뜨게 한다.

매일 좋을 수는 없지만, 매일 웃을 수는 있다.
- 명언 한 줄 -

✦ 사각뿔의 밀집대 여치 집 ✦

　한여름에는 크게 울어 대는 매미 소리에 무더위를 잊고 대청마루에 큰 대자로 누운 아이의 두 다리와 등짝에는 시원한 바람과 기운이 올라온다. 그리고 대청마루 뒤편에 있는 들창을 열어 놓아서 그곳으로 불어오는 바람도 한낮의 더위를 간단하게 저 멀리 날려 보낸다.

　이런 시기가 지나서 가을이 가까워지면 여치가 '찌릇~ 찌릇' 소리로 울어 대면 추수했던 밀집대로 여치 집을 만든다. 그리고 대청마루의 나무 기둥에 박힌 큰 대못에 매달아 논다.

　이 반짝반짝 빛나는 밀집대는 껍질이 반들거리고 아주 가벼우며 속이 텅 빈 막대기 모양을 하고 있다.

　여치 집을 만드는 방법은 먼저 아래 가장 넓은 밑부분에는 밀집대 두 개를 십자로 대고 그 가운데를 실로 묶어서 고정한다.

　다음에 이것을 중심으로 하여 아래부터 사각의 나선형으로 밀집대를 하나씩 쌓아 올리면서 뿔의 모양으로 자연스럽게 돌아가도록 좁혀 간다. 그러니까 폭이 넓은 아래쪽부터 준비한 밀집대를 연결하여 이어 가면서 쌓아 차례로 좁게 올리는 것이다.

　이 여치 집은 예쁘고 바람도 잘 통하는 것은 물론 아주 가벼워서 어디에도 쉽고 멋지게 걸어 놓을 수 있다. 그래서 그 안에 여치를 잡아서 넣은 후 집 안이나 대청마루를 오가며 여치의 울음소리를 듣거나 들여다보면서 즐겁게 지낸다.

　동네 친구들의 집에도 이렇게 만들어서 대청마루같이 집 안에서 잘 보이는 곳에 걸어 둔다. 이것을 만드는 세밀한 기술은 아이가 커 가면서 어른이나 형들로부터 자연스럽게 배운다.

　해 지는 저녁에 대청마루에서 아버지의 나무 목침을 베고 누워 여치들의 노랫소리를 편안하게 들으면서 콧노래도 흥얼흥얼 부른다.

　이 가볍고 반짝이면서 살짝 비틀어진 사각의 밀집대로 만든 여치 집에는 아직도 목청이 좋은 여치가 남아서 여유롭게 흥겨운 노래를 부르고 있다.

언제 찾아와서 언제 떠날지 모르는
아름다운 손님이 바로 '사랑'이다.
- 김정한 《고마워요! 내 사랑》 -

농수로 막고 물고기 잡기

　벼농사가 잘되는 논에는 농수로가 잘 연결되어서 필요할 때마다 물을 자유롭게 댈 수 있어야 한다. 그래서 수리조합(농어촌공사)에서 각 저수지의 수량을 관리하면서 근처에서 멀리에 있는 논까지 수로를 통하여 물을 대준다.

　이렇게 저수지에서 내려오는 물길을 '농수로'라고 하고 이는 폭이 넓은 것도 있으나 좁은 수로도 많으며 온몸의 신경 세포와 같이 여러 논으로 뻗어 있다.

　그러나 천수답은 이러한 물을 받지 못하고 오직 하늘에서 내리는 빗물만을 의지해야 한다. 그래서 비가 올 때마다 인위적으로 만들어진 '포강'이나 자연적으로 이루어진 저지대에 물을 저장한다.

　그러다가 물이 부족해서 논이 가물어지면 이미 만들어진 수문과 농수로를 통하여 물을 흘려준다. 그러면 필요한 논에서는 이 물을 채워서 해결하고 종종 용두레와 같은 물건으로 물을 퍼내서 농사에 활용하기도 한다. 이렇게 저수지의 물을 관리하면서 조절해서 논으로 이어진 긴 농수로는 농번기가 지나면 흐르는 물이 줄어들게 된다.

　그러면 이때 몇 미터 정도의 간격으로 물이 적은 농수로 중간을 막고 그 안에 고인 물을 모두 퍼내고 물고기를 잡는다. 이때 주로 붕어와 미꾸라지를 잡지만 부수적으로 커다란 우렁이도 다수 건져 올려 특별한 수확을 맛보기도 한다.

　또한 가을이 되어서 논농사가 잘되면 추수하기 편하게 논에 있던 물을 이 수로를 이용해서 모두 빼낸다. 사람이 논에 들어가서 낫으로 벼를 베어야 하는데 발이 흙에 깊이 빠지면 힘들기 때문에 미리 논의 물을 빼내는 것이다.

이때는 각 농수로에도 물이 당연히 줄어들어서 그 양이 얼마 되지 않는다. 그러면 그 수로의 안에 삽과 같은 기구를 이용하여 3~4미터 정도의 적당한 간격으로 임시 둑 두 개를 쌓아 물길을 막는다.

그리고 둑과 둑 사이에 고여 있는 물을 물동이와 같이 큰 그릇을 이용하여 둑 바깥쪽으로 가능한 한 모두 퍼낸다. 보통 30분 정도는 육체적인 힘든 노동을 하는 고된 일이다.

그렇게 물이 거의 줄어들면 물을 퍼내는 안쪽에 또 다른 작은 둑을 만들어 쳇바퀴를 대고 나머지 물을 그곳으로 유도해 가능한 한 퍼낸다.

그래야 물고기가 쳇바퀴에 걸려서 물을 퍼내는 곳으로 내려오거나 접근하지 못하게 된다.

그러면 농수로에 살고 있던 손바닥 크기의 붕어와 굵직한 미꾸라지와 같은 물고기가 얕은 물과 진흙 속에서 드러난다. 그러면 양손으로 큰 것부터 한 마리씩 잡아서 준비해 간 바케스(양동이)나 커다란 그릇에 담는다.

그릇 안에서 펄쩍펄쩍 뛰면서 싱싱하게 요동치는 물고기를 보면 뿌듯함으로 피곤함도 모두 잊는다.

재수가 좋은 날이면 커다란 메기나 가물치도 잡을 수 있고 주변의 진흙에서는 토실토실한 우렁이도 덤으로 많이 잡기도 한다.

이렇게 묵직한 바케스를 들고 당당하게 집으로 돌아가면서 아이는 콧노래를 부르며 농수로가 가져다주는 커다란 수확에 보람을 느낀다.

송사리 잡기와 매운탕

 동네 주변에는 오래전에 갯벌을 간척한 제법 넓은 논들이 작은 둑을 경계로 펼쳐 있다. 여기에는 수많은 송사리와 미꾸라지 그리고 붕어와 메기와 같은 민물고기와 우렁이들이 자기들의 영역을 지키며 살고 있다.
 소낙비가 한나절 동안 세차게 쏟아지다가 그친 여름에 아이는 곡식을 고르는 둥근 쳇바퀴 하나와 빈 바케쓰(양동이)를 들고 즐겁게 그 논으로 나간다.
 길게 이어진 논둑에는 논 주인이 논물을 가두고 그 양을 조절하기 위해서 물이 내려가도록 각각 물고(물길)를 조그마하게 만들어 놓는다. 그러면 이곳으로 넘치는 물이 아래로 내려가면서 전체 논의 물 양을 적당하게 조절하고 유지해 준다.
 그러면 물이 내려가는 방향을 바라보게 하여 둑 사이에 쳇바퀴를 놓는다. 그리고 둑과 쳇바퀴 사이의 양쪽 공간에는 옆의 흙을 이용하여 물이 새지 않게 메운다. 그런 다음 쳇바퀴를 뒤로 살짝 기울여서 고정하고, 마지막으로 아래로 흐르는 물이 그 안을 통하도록 잘 조정한다.
 이렇게 한 후 멀지 않은 주변에서 한동안 물장난하면서 적당히 놀다가 살그머니 다가가서 쳇바퀴를 얼른 들어 올린다. 그러면 안쪽 물에 모여서 놀고 있던 여러 마리의 작은 송사리들이 쳇바퀴에 담겨서 펄쩍거리며 날뛴다.
 그러면 얼른 바케쓰에 전부 털어서 담고 그 자리에 쳇바퀴를 다시 그대로 놓고 기다린다. 이런 방법으로 여러 차례 계속하면 어느덧 송사리가 양동이에 제법 찬다. 이것은 흘러 내려오는 물을 통해서 위로 오르려는 물고기인 송사리의 본능을 이용하는 것이다.

이렇게 송사리를 많이 잡는 비책 중 한 가지를 더하면 그 쳇바퀴 위에 잎이 풍성한 나뭇가지를 구해서 덮고 그늘을 만들어 놓는다. 그러면 물길에 그늘이 생기고 송사리는 찾고 있던 숨을 수 있는 터라고 여기면서 한동안 머물고 있다. 그러다가 기회를 잡아서 윗물로 오르려고 하는 습성을 이용해 더 많은 물고기를 잡을 수 있다.

이런 방법은 조금 야비한 비법임에 틀림이 없지만 원래 인간이 동식물을 잡거나 찾아서 먹는 것이 이미 야만적이라고 생각하면서 스스로를 위안한다.

이렇게 논에 가지고 간 바케쓰(양동이)에 송사리가 가득 차면 개선장군이 되어 몸을 흔들면서 발걸음도 힘차게 집으로 향한다. 그러면 동네 어른들이 "야~ 어디서 그렇게나 많이 잡았니?" 하면서 추켜세우면 더욱 더 발걸음은 빨라지고 콧노래도 흥얼흥얼 나온다.

그리고 여러 이웃이 같이 사용하는 공동 우물가로 가지고 가서 미리 준비한 다른 대야(큰 그릇)나 큰 양푼에 쏟아서 담는다. 그리고 시원하고 깨끗한 우물을 두레박으로 퍼 올려서 잡아 온 송사리를 깨끗이 닦는다.

이 민물고기인 송사리는 멸치처럼 자그마하여서 배속에 씻어 버려야 할 것이 별로 없기에 겉만 씻으면 요리해서 먹을 수 있다.

이렇게 처리한 송사리를 어머니는 밀가루에 이리저리 돌려 가면서 하얀 옷을 입혀 두툼해지면 솥에 넣고 맛있는 요리를 한다. 작은 양은솥에 고추장과 약간의 된장을 가미하여 간을 맞추어서 끓인다.

그러다가 시간이 좀 지나면 애호박과 매콤한 풋고추 그리고 싱싱한 졸

(부추)을 적당히 썰어서 넣는다. 마지막으로 소금이나 간장으로 간을 맞추고 푹 끓인 것은 좀 쌉쌀하지만 아주 구수하고 맛있는 송사리 매운탕이 된다.

이렇게 안마당에서 커다란 밀집 멍석에 대여섯의 식구들이 둘러앉아 누런 보리밥과 함께 먹으면 다시 한번 수고했다는 칭찬이 아이에게 온통 쏟아진다.

저녁 식사를 마친 아버지는 "나는 돼지고기보다 민물 생선 매운탕이 더 좋아."라고 말씀하시며 숟가락을 놓고 일어서 이웃집으로 마실을 가신다. 그러면 아이는 그 말뜻을 알 수 없다며 "왜 그렇지? 돼지고기가 훨씬 맛있는데?" 하고 고개를 갸우뚱한다.

그러던 아이도 나이가 들어 역시 수제비나 국수를 넣고 끓인 민물고기 매운탕을 아주 좋아하는 미식가가 되고 혼자 빙그레 웃음을 짓는다.

모든 성공은 장애물 뒤에 있다.
- 명언 한 줄 -

물가에서 잡는 민물새우(징거미)

동네의 넓은 논들 사이 가운데에는 동네 친구들이 자주 찾는 아주 길고 폭도 제법 큰 일명 '긴 포강'이 있다. 이는 원래 그 양편에 펼쳐진 논에 논물을 대기 위해서 간척지를 만들 때부터 생겨난 용수 시설이다.

그리고 또 하나는 동네 어귀 동편 쪽 뒷산 아래에는 작지만 아담하고 항상 매우 맑은 물로 가득한 작은 포강이 있다. 이것은 마을 뒷산 골짜기에서 흘러 내려오는 냇물이 모여서 생긴 것으로 역시 주변의 논에 물을 대기 위한 것이다.

이 포강은 물이 맑고 동네와 가까워서 날씨가 더운 여름철에는 아이와 친구들이 떼를 지어 헤엄치러 자주 놀러 간다. 그런데 포강의 가운데는 어른 키보다 훨씬 깊어서 물놀이와 수영하는 데 위험하다.

그리고 '마름'이라는 물풀이 물가의 얕은 물에 그 잎을 선명하게 띄워서 자리 잡고 있다. 또한 포강을 둘러싼 자연스러운 둑과 물가 쪽에는 여러 종류의 풀들과 수초가 푸르게 자란다.

둑 위에 진을 친 동네 친구들은 잔뜩 장난기로 열이 올라서 반바지 차림으로 정신없이 뛰어다니다가 시원한 물놀이에 빠진다. 다이빙도 하고 개헤엄을 주 종목으로 풍덩거리며 연못을 가로질러 오고 간다.

그리고 배를 하늘로 향해서 눕고 한동안 물 위에 떠서 코를 드러내고는 '배형'이라면서 하늘을 향해 팔을 크게 저으며 자랑도 한다. 그러다가 몸을 뒤집고 양팔을 교대로 힘 있게 저으면서 빠르게 앞으로 나가는 자유로운 수영(자유형)도 즐긴다.

이렇게 한참을 놀다가 심심하면 물 빠짐이 아주 좋은 성성한 쳇바퀴를 들고 물가를 돌면서 징거미(민물새우)를 잡는다. 쳇바퀴로 물가 수초 사이의 물속을 뒤지면서 건져 올리면 '톡톡' 튀는 많은 징거미와 함께 물방개도 더러 잡힌다.

그 색깔이 거무스름하고 허리가 살짝 굽은 자그마한 이 민물새우는 솥에 넣고 끓이면 산뜻한 선홍색으로 변신하면서 아주 먹음직스러운 입맛을 자극한다. 특히 이 새우를 끓인 국물은 아주 시원해서 여기에 잘게 썬 애호박과 고추 등 풋채소를 넣으면 정말 맛있는 밥도둑이 된다.

그리고 밀가루를 질게 반죽하여 손으로 조그마하게 떼서 이 국물에다 놓으면 깔끔하고 달콤한 정말 맛있는 수제비가 된다.

또한 함께 잡은 물방개는 집으로 가져와서 빈 병 또는 큰 그릇에 물과 약간의 수초를 넣고 한동안 키우면서 매일 들여다보는 재미도 정말 크다. 이 물방개는 등이 검고 딱딱한 날개에 흰 줄로 둥그렇게 둘러친 수놈이 예뻐서 인기가 최고다. 그러나 수놈과 반대로 등이 그냥 검고 밋밋한 암놈은 못생겼다고 푸대접을 받고 천대를 받는다.

한편 일부 물가의 아주 깊지 않은 포강의 물속에는 일명 '마름 풀'이라고 하는 수생식물이 자란다. 이 식물에는 '마름'이라는 마름모꼴의 열매가 달려 있는데 이것을 따다가 솥에 넣고 찐다.

삶은 마름을 이빨에 물고 딱딱한 껍질을 살짝 누르면 속에서 '삐지직' 하고 찐 밤과 비슷한 내용물이 나온다. 그런데 특이하게도 마치 산의 진짜 밤나무에서 나는 알밤을 삶은 것과 거의 같은 맛이 난다.

그래서 아이와 동네 친구들은 이 마름을 찐 알밤처럼 생각하고 먹으면서 주전부리로서 아주 훌륭하다며 입을 다물지 못한다.

물 위에 비친 가물치와 메기

　동네에서 바다에 이르는 넓은 들녘의 논 한가운데는 가뭄을 대비하여 만들어 놓은 깊고 길게 생긴 포강이 있다. 가끔 하굣길에 일부러 그곳을 지나쳐서 집으로 오기도 하는데 여름철에는 헤엄치기 위해서 들르고 겨울철에는 썰매를 타기 위해서 들른다.
　가뭄이 아주 심한 여름날 그곳을 지나치며 물이 거의 빠진 이 포강을 보고 "여기도 역시⋯." 하면서 심한 가뭄을 느낀다. 그런데 물이 줄어든 긴 포강의 한쪽 끝부분에는 어른들 여러 명이 모여서 물고기를 잡느라고 여념이 없다.
　아이는 "나도 잡고 싶은데, 아차, 내가 한발 늦었구나." 하면서 얼른 바쁘게 집으로 가 큰 그릇을 들고 물고기 잡기에 나선다.
　이내 물고기를 잡으려고 물이 배꼽까지 차는 누런 흙탕물 속으로 서슴없이 들어간다. 그런데 많은 사람들이 밟고 지나간 이후라서 온통 누런 흙탕물만 보일 뿐이고 잔잔하여 붕어는 한 마리도 보이질 않는다.
　그런데 물 위에서 길게 떠 보이는 갈대 같은 것이 눈에 보여서 무심코 손으로 '툭' 하고 건드렸더니 그것이 '휙~' 하고 순간적으로 움직인다. 그래서 이를 이상하다고 생각하면서 천천히 따라가며 자세히 살펴보니 이것은 분명 아주 커다란 메기였다.
　이에 누가 볼까 하는 긴장한 마음으로 몸을 잔뜩 사린 아이는 주위를 살핀 뒤 마음을 가다듬고 조용히 양손을 물속으로 넣어 잡으려고 여러 번 시도한다. 그러나 미끄러운 메기는 번번이 손 사이를 빠져나가서 잡지를 못한다.

　이러다가 어른들에게 메기를 빼앗겨 허탕 칠 것이 너무나 분명하다. 그래서 더 급한 마음으로 안달이 나서 허둥대고 있는데 별안간 한 가지 묘책이 떠오른다.

　그것은 메기가 떠 있는 물밑으로 두 손을 모아서 가만히 넣고 순간적으로 둑 가장자리의 진흙을 향하여 힘껏 던져서 떠내는 것이다. 그렇게 하면 흙 위에서 힘을 잃은 그 메기를 손쉽게 잡을 수 있는 것이다.

　이런 방법으로 연이어서 긴 팔뚝만 하게 크고 굵은 메기 두 마리와 가물치 세 마리를 잡는다. 이에 너무 좋아서 마음이 한껏 들뜨고 좋았으나 너무 무거워서 낑낑거리며 힘들게 바케스(양동이)를 들고 집으로 돌아간다.

　집에 가는 중간에 긴 포강의 가장자리에서 큼직한 붕어를 많이 잡은 어른들이 이것을 보고 깜짝 놀라면서 부러움의 눈길을 한참 보낸다.

　아이는 원래 동네에서도 송사리와 같은 물고기를 아주 잘 잡는다는 칭찬을 듣곤 한다.

　대단히 큰 사건이라 세상에서 두 번 없는 정말로 황홀하고 즐거운 날로 오래오래 기억되게 된다.

개구리 뒷다리의 맛

　학교에서 수업을 끝내고 집에 오면 아이는 '무슨 놀이를 할까?' 하며 가끔 많은 고민을 한다. 그러다가 개구리를 잡기로 정한 날이면 동네 또래 친구들 몇 명과 자기의 키만큼 긴 막대기와 찌그러진 깡통을 하나씩 준비한다.
　이 깡통은 작으면 개구리를 많이 넣을 수 없어서 곤란하기 때문에 적당한 크기여야 한다. 그리고 이 깡통에는 주로 철사로 만든 줄로 손잡이를 만들어서 손으로 편하게 들 수 있게 한다.
　그러고는 이것을 이리저리 흔들면서 씩씩하게 콧노래를 부르며 넓게 펼쳐진 논들의 농수로가 이어진 둑으로 몰려간다.
　이처럼 둑을 중심으로 하여 각자 흩어져서 수북한 풀밭을 '툭툭' 치거나 휘저으면 이에 깜짝 놀란 개구리가 펄쩍 뛰어서 후다닥 달아난다. 그러면 이를 뒤쫓아 가 막대기를 마구 휘둘러서 결국에는 사지를 쭉 뻗어 버린 개구리를 집어 깡통에 담는다.
　이렇게 잡은 개구리들은 집으로 가져와서 짐승의 어물을 끓이는 솥에 넣어 물을 적당히 넣고 끓인다. 이후 잘 식힌 다음 기르고 있는 돼지에게 사료와 섞어서 준다. 이 냄새를 맡고 꿀꿀대며 다가온 돼지는 최고의 별식을 허발하면서 정신없이 먹고 그만큼 살도 통통하게 찐다.
　그리고 가끔은 잡은 개구리를 가지고 오다가 몇 마리를 골라서 뒷다리를 무자비하게 빼내서 몸통과 분리한 후에 모닥불에 구워 먹기도 한다.
　입가에 시커멓게 검은 칠 하면서 이빨로 뜯으면 마치 닭다리와 같고 그 맛도 마치 '프라이드치킨(닭튀김)'과 아주 비슷하다.

  어느 때는 뱀을 잡기도 하는데 살모사 같은 독사도 있지만 대개는 논에서 많이 보이는 독이 없는 물뱀이다. 짓궂은 친구들은 이것도 불에 구워서 먹기도 하면서 이를 속이기 위해 다른 친구들에게는 말린 '북어'라고 하기도 한다.

  친구들이 아이에게 이것을 못 먹으면 진짜 사내가 아니라고 마구 놀려대서 눈을 감고 한번 입에 조금 넣어 본다. 그러나 이상하다는 생각과 비위도 약해서 곧바로 구역질하며 많은 침과 함께 모두 뱉어 낸다.

  이후 이런 끔찍한 경험으로 인하여 많은 놀림도 받고 수많은 이유로 뱀 먹기를 구차하게 변명해야 하는 못난 사내가 된다.

  이렇게 항상 주변에 있기에 무엇보다 친숙하던 개구리와 뱀은 아이와 시골 친구들의 친숙한 장난감이자 먹을거리가 될 때도 있다.

걷다 보면, 어느새 길이 보입니다.

- 고도원 -

뒷산에서 칡뿌리 캐기

늦가을이 되면 기온이 점차 내려가서 날씨가 차가워지고, 나무는 빨간 단풍과 낙엽이 지고 산비탈의 잔디도 노랗게 채색된다. 그러면 한 해의 추수가 끝나고 본격적으로 땔나무를 해야 하는데 친구들도 조그만 힘을 보탠다.

그래서 동네 친구들은 그룹을 지어서 각자 집에서 가져온 어른 지게를 지고 뒷산으로 간다. 이렇게 부모가 시키지 않아도 덩달아 바쁘게 이 산 저 산을 오르내리며 땔감을 구하기에 열심이다.

그런데 가끔 칡넝쿨을 찾아서 뿌리를 캐낼 괭이도 하나쯤 준비하여 산에 오른다. 이는 나무하기보다 오히려 칡뿌리 캐기에 관심이 더 커져서 칡뿌리 캐기로 주객이 전도되는 일이 허다하기 때문이다.

그래서 산에 오르면 먼저 이리저리 흩어져서 칡 줄기를 살피다가 좋은 것을 찾아내면 본격적으로 주변의 흙을 집중적으로 파낸다.

누가 가장 많이 또는 큰 놈을 캐는가? 하고 서로 눈치를 힐끔힐끔 보면서 바쁘게 칡넝쿨 주변을 괭이질한다. 이때는 삽보다는 괭이가 훨씬 효과적이다. 나무뿌리와 칡이 얽혀 있으면 도끼를 활용해 잘라 내면 된다.

그런데 같이 나무하러 다니던 동네 친구 중에 유독 힘이 아주 장사인 '이 아무개'가 있다. 그래서 언제나 그 친구와 한편이 되어서 산에 오르려고 은근히 눈치도 살피며 안달하기도 한다. 그와 함께하는 날이면 팔보다 길고 다리만큼 굵직한 왕칡뿌리를 캐기 때문이다.

보통 어느 정도 칡 주변의 흙을 파내고 난 후에 한두 명이 힘을 주어서 나머지 부분을 잡아당겨 칡뿌리를 뽑는다. 그러면 어떤 것은 밑까지 깨끗이 뽑히기도 하지만 그 일부는 중간이 끊어지면서 만족스럽지 않게 나오기도 한다.

이렇게 누구나 경쟁하듯 아주 굵은 암칡을 고대하지만 그렇지 못할 때가 많은 것이다. 그래서 좋은 칡을 얻기 위해서는 그 힘센 친구와 같은 팀이 되어야 유리하고 매번 성과도 좋다.

워낙 힘이 센 그 친구는 여러 명이 달려들어 낑낑대고 있으면 "야, 저리 비켜 봐~ 내가 할게." 하면서 혼자서 힘껏 잡아당긴다. 그러면 이상하게도 쉽게 빠진다. 얼마나 힘이 센지는 정확히 모르나 칡뿌리를 캐는 날이면 그 친구의 인기는 최고로 치솟는다.

이렇게 칡뿌리를 캐면 모두 개선장군이 되어서 동네로 내려온다. 캐온 칡뿌리의 껍데기에 붙은 흙을 모두 닦아 내고 톱을 이용해서 5~6센티의 크기로 토막을 낸다.

그리고 이것을 들고 다니면서 조금씩 결대로 길게 찢어 내어 껌을 씹듯이 질겅질겅 씹으면 달콤하고 쌉쌀한 맛이 입안에 잔잔히 퍼진다.

칡뿌리도 대체로 굵직하여 즙도 많으면서 알이 가득 밴 암놈과 그렇지 않고 줄기만을 가진 조금은 얄팍한 수놈이 있다. 따라서 알을 통통하게 품고 있는 암놈을 캐야만 재수가 좋은 날이다.

이렇게 암칡을 많이 캐는 날이면 기분이 좋아서 큰 마당에서 같이 노는 다른 친구들에게 칡뿌리를 나누어 주며 은근히 어깨를 으쓱인다.

산에 널리 퍼져 있는 야생 칡뿌리는 고구마, 감자, 무, 누룽지와 더불어서 시골 친구들이 즐기는 먹을거리이며 이들은 항상 행복을 선물한다.

통나무로 팽이 깎기

　동네의 뒷산에는 소나무가 제일 많고 참나무, 아까시나무와 같은 잡목도 더러 섞여 있다. 땔감으로는 주로 소나무를 잘라서 가지고 오지만 가끔 구르마(탈것)나 팽이를 만들기 위해서도 생소나무 밑을 그냥 톱으로 잘라 온다.
　이렇게 몰래 소나무를 베어 오면 혹시나 산림청 단속에 들키지 않게 나무를 보관하는 나무 칸에 깊숙이 감춘다.
　팽이를 깎기 위해서는 팽이의 크기에 따라 다르지만 보통 지름이 7~10센티가 되는 나무를 고른다. 그리고 낫이나 큰 칼을 이용하여 한쪽 끝을 둥글고 뾰족한 역깔때기 모양으로 깎는다. 그리고 6~7센티의 높이가 되도록 조심스럽게 톱으로 소나무를 자른다.
　그런 후에 가장 중심이 되는 뾰족한 아랫부분에는 방앗간에서 얻어온 베어링의 작은 쇠구슬을 빠지지 않게 박는다. 이것은 가장 중요한 작업으로 중심을 잘 잡아야 하고 무엇보다도 특히 구슬이 빠져나가지 않도록 해야 한다.
　그래서 일반적으로는 이것 대신에 깎은 팽이의 밑부분에 머리가 둥근 못을 박기도 하는데 이는 가장 손쉬운 방법이다. 그러나 이 팽이는 만들기엔 수월하나 구슬을 박은 것보다 팽이가 회전하는 성능이 떨어지는 단점이 있다.
　또한 톱으로 자른 팽이의 윗부분은 판판하게 잘 다듬고 크레용으로 무지개처럼 예쁜 색을 칠한다. 그러면 팽이가 각각 특징을 가진 정말 아름다운 무늬를 보이면서 회전한다.

한편 팽이를 돌리는 팽이채는 헌 옷을 가위로 얇고 길게 잘라서 몇 개의 가닥으로 묶은 다음 40~50센티 정도의 나무 막대기에 고정하면 된다. 그 줄에 팽이를 돌려 감았다가 땅에 던지면서 돌게 한다. 그런 후에 곧바로 팽이채로 팽이의 옆면을 계속 때려서 쓰러지지 않고 빨리 돌게 하면 된다.

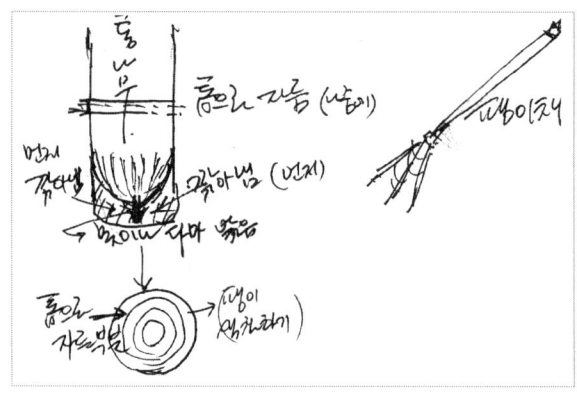

동네 친구들이 서너 명 모이면 각각 팽이를 돌리면서 팽이채로 서로 부딪치도록 유도하여 팽이 박치기를 시키면서 즐긴다. 박치기를 당한 팽이가 넘어지지 않고 계속 돌면서 버티면 게임에 이기게 되고 만약 계속 돌지 못하고 먼저 땅에 쓰러지는 팽이는 지는 것이다.

따라서 상대의 팽이가 튕겨 나가 더 이상 돌지 못하도록 가능한 한 팽이를 크게 만드는 것도 팽이 싸움에서 유리하다. 그래서 팽이의 옆 둘레에 베어링 같은 쇠를 씌워서 무겁고 단단하게 만들기도 한다. 이것이 팽이 싸움에서 이기는 빼어난 묘책으로 중요한 기법이다.

이 팽이 돌리기는 겨울철에 마당의 흙보다 얼음이 얼어붙은 논에서 하면 반들반들한 빙판의 바닥이라서 팽이가 무척 잘 돌아간다. 그래서 더욱 신나게 팽이치기와 팽이 싸움을 즐길 수 있다.

그러나 낫이나 칼로 팽이를 깎다가 손을 베거나 다쳐서 상처를 입는 일이 자주 생기기에 아주 조심해야 한다. 그래서 아이의 부모님은 절대로 팽이 깎기를 못 하게 하고 간혹 형이나 아버지가 직접 만들어 주기도 한다.

한편 가게에서 파는 기계로 만든 팽이는 반듯하고 깨끗하며 균형도 잘 잡혀서 탐이 나지만 돈이 없어서 구하기가 어렵다. 그러나 혹시 예쁜 팽이를 구하기라도 하면 이를 자랑하면서 동네 친구들이 보도록 그 팽이를 열심히 때리고 돌린다. 이러한 팽이를 가질 수 있다는 것은 큰 행운이고 또한 다른 친구들이 무척 부러워하기 때문에 매우 자랑스럽다.

이처럼 멋진 모습으로 쓰러지지 않고 굳건히 서서 계속 돌아가는 팽이는 아이에게 어려울 수도 있는 미래를 끝까지 밀고 나가는 끈질긴 지구력을 보여 준다.

하얀 눈으로 다져진 미끄럼틀

 겨울철에는 아무래도 집 밖에서 즐기는 마당놀이가 줄어들고 그 대신 논이나 포강으로 썰매를 자주 타러 다닌다. 그러다가 눈이 수북이 쌓이면 그 눈을 뭉쳐서 크고 작은 눈사람도 만들고 더러는 덫으로 새도 잡는다.
 그리고 집 주변에 쌓인 눈을 삽으로 비탈진 곳에 모으고 단단하게 다져서 마치 미끄럼틀과 같은 모양으로 만든다. 미끄럼틀이 시작하는 높은 곳에 이르는 길은 땅을 파고 눈을 제거해서 계단을 만들고 미끄러지지 않도록 해야 한다.
 그리고 몸이 미끄러져 내려오는 비탈길에는 눈을 충분히 펴서 깔고 눈삽으로 탁탁 치면서 단단하게 다진다. 저녁에 여기에 물을 살짝 뿌려 놓으면 밤새도록 그곳이 얼음으로 변해서 훨씬 더 미끄러워지므로 신나게 내려올 수 있다.
 그러면 아이는 손이 얼고 옷이 해지는 것도 상관하지 않고 입에서 하얀 김이 나는 것도 잊은 채 추위를 이겨 낸다. 이렇게 빙판이 된 미끄럼판을 바쁘게 동네 친구들과 줄지어서 오르내리며 야단법석 즐겁게 하루를 보내는 것이다.
 동네의 마찻길에 생긴 하얀 눈길에서도 자기 스스로 만든 대나무 스키를 타며 즐기기도 한다.
 대략 1미터 정도가 되는 적당히 굵은 통대나무의 절반을 갈라서 두 쪽이 되게 만든다. 그런 후 볼록하게 튀어나온 마디는 칼로 깎아 평평하게 다듬고 대나무 한쪽의 앞부분을 불로 쬐면서 살짝 구부리면 위로 들어 올려진다. 그러면 이 부분이 대나무 스키의 앞이 된다.

중간 부분에는 신발을 올려야 하기에 발 크기에 맞게 대나무 스키의 가장자리와 앞과 뒤에 네 개의 구멍을 낸다. 이곳에 탄탄한 고무줄을 껴서 신발을 묶고 고정할 수 있게 한다.

이렇게 한 후 외발 스케이트를 탈 때 쓰는 긴 송곳을 들고 눈 위에서 앞으로 밀면 대나무 스키가 잘 미끄러져 나간다. 당연히 언덕에서는 자연스럽게 아래로 내려가 멋진 스키가 되는 것이다. 스키가 어떻게 생겼는지 알지 못하나 길에 하얀 눈이 수북하게 쌓이면 이렇게 대나무 위에 두 발을 올리고 양다리에 힘을 준다.

그러면 눈 위에는 두 줄이 길게 그려지며 대나무 스키가 앞으로 미끄러져 나간다. 이렇게 아이와 친구들은 또 다른 방법으로 추운 겨울의 하루를 멋지게 보낸다.

잘못을 인정하는 것은 패배가 아니다.
- 명언 한 줄 -

굴렁쇠 굴리는 기술

넓은 소방서 마당은 굴렁쇠 굴리기에 좋다.

굴렁쇠는 구하거나 만들기 힘든 놀이 용품이라서 동네의 몇몇 친구들만 가지고 노는 흔하지 않은 놀이다.

굴렁쇠는 두 가지 종류가 있는데 그 하나는 자전거의 바큇살이 모두 빠져서 원형의 둥근 휠만 남아 있는 것을 이용한다.

그런데 이것은 반듯한 새끼손가락 굵기보다 조금 가느다란 쇠막대로 만든 굴림대가 있어야 하는데 나무로 된 손잡이가 있으면 더욱 좋다. 이 굴림대는 둥근 테만 있는 휠(바퀴)의 움푹하게 파인 한가운데를 세로로 대고 앞으로 굴리면서 나아가면 된다.

또한 굴렁쇠를 굴리면서 이 쇠막대의 손잡이를 이용하여 좌우로 방향을 잡을 수 있고 속도도 조절할 수 있다.

두 번째는 철사 같은 것으로 만들어진 그냥 동그란 굴렁쇠로 이음새가 없어야 하고 그 크기도 다양하다. 굴렁쇠를 굴리는 쇠막대도 굴렁쇠에 닿는 부분은 굵은 철사로 만들어서 서로 마찰이 적도록 한다.

그리고 그 부분을 U 자형으로 둥글게 휘어서 속도를 내서 달릴 때 굴렁쇠를 안으로 감싸도록 해 옆으로 빠져나가지 않게 해야 한다. 그러면 같은 쇠붙이가 서로 부딪히면서 쇳소리를 내고 상호 탄성이 죽지 않아서 굴렁쇠를 굴리는 맛이 제대로 난다.

그렇게 굴렁쇠를 힘차게 앞으로 밀면서 달리면 그 중심이 잡혀 이탈하지 않으면서 의도하는 방향대로 잘 나간다. 이와 같이 방향의 전환을 위해서는 굴림대를 좌우의 방향으로 조정하면 되는 것이다.

   이렇게 동네 친구들은 굴렁쇠를 하나씩 들고 달리면서 누구 것이 더 빠르고 잘 구르는지를 서로 경쟁한다. 방향을 유연하게 바꾸면서 속도감도 유지하는 기술은 굴렁쇠 굴리기에서 꼭 필요한 아주 중요한 기술이다.

   그런데 이러한 기술은 많은 경험과 노력이 있어야만 생기는 것으로 실제로 굴렁쇠를 굴려 본 경험의 축적이라고 할 수 있다.

인생은 단 한 번만의 추억 여행이다.
- 명언 한 줄 -

안방 벽지에 생긴 얼룩

 시골의 친구들에게는 평소에 돈이 귀해 가게에서 껌을 사서 자유롭게 '질겅질겅' 씹을 기회가 별로 없고 아주 드물다. 그만큼 껌은 귀한 것으로 새해 명절이 되어서 웃어른에게 세배하거나 서울에서 손님이 찾아와 용돈이라도 받으면 살 수 있다.
 껌을 처음 막 씹으면 단맛이 나면서 쫄깃쫄깃하게 씹는 맛을 느끼게 해서 좋다. 그러나 오랫동안 씹어서 단물이 모두 빠져 맨숭맨숭하고 질겨져도 아까워서 이를 버리지 못한다.
 그래서 밤에 잘 시간이 되면 안방의 아랫목 근처에 누워서 손을 쭉 뻗으면 닿는 벽지에다 슬쩍 붙여 논다. 그리고 아침에 일어나면 제일 먼저 다시 그것을 떼어 내어 입에 넣고 계속 이어서 씹는다.
 그래서 아이의 손 높이가 되는 안방 벽지에는 군데군데 껌 자국이 생겨서 잡초처럼 여러 가지 그림을 그린다. 다시 씹는 껌은 아무런 맛도 없지만 '나 지금 껌을 씹는다.'라는 것을 친구에게 보이기 위한 것이다.
 그런 시간이 좀 흐른 뒤에는 입에 넣고 씹다가 입안에서 혀로 돌돌 말아서 '호~' 하고 불면 풍선처럼 부풀어 오르는 풍선껌이 나온다. 이 풍선껌은 혀로 나름대로 장난을 칠 수 있어서 재미도 더 있고 귀해서 인기가 좋다.
 그래서 친구들은 부풀어진 풍선이 한동안 터지지 않고 얼마나 버티는지 또는 얼마나 큰지를 서로 입 모양을 관심 있게 쳐다보거나 재 보면서 게임을 하기도 한다.

풍선을 다시 씹어서 풍선으로 만들기 위하여 입으로 '흡~' 하며 마실 때는 대단히 조심해야 한다. 만약 잘못하면 껌이 목 안 깊숙이 기도에까지 딸려 들어갈 위험이 크기 때문이다. 이렇게 되면 기도가 막혀서 호흡이 곤란하게 되어 아주 큰 사고로 이어질 수도 있다.

  아이는 시골에서는 흔하지 않은 껌을 즐겁게 씹으면서 소중한 새로운 것을 만나는 행복감을 느낀다. 이것은 시골의 밭에서 흔하게 캐낸 무나 고구마가 아니고 도시의 느낌을 잔뜩 주는 아주 색다르고 귀한 것이기 때문이다.

> 이 세상에서 유일한 내 삶의 주인은 오직 '나'다.
> - 명언 한 줄 -

✦ 딱지치기의 특별한 묘수 ✦

　동네 친구들이 가장 많이 갖고 노는 놀이 기구는 주로 딱지와 소구(구슬)인데 그중 딱지치기 놀이는 두 가지의 방법이 있다.

　하나는 종이를 교차하게 접어서 만든 두툼한 딱지로 그 크기와 두께는 접는 친구의 의도에 따라서 각각 다르게 할 수 있다. 그리고 놀이는 먼저 상대하는 친구와 상의해서 상호가 순번을 정하는데 주로 가위바위보를 한다.

　그 후 방어자는 접은 딱지를 하나씩 바닥에 내려놓고 공격자는 놀이를 위한 자기의 딱지로 그것을 요령 있게 내려친다. 그래서 바닥에 있던 상대의 딱지가 앞면과 뒷면이 뒤집히면 공격자가 승리하고 그 딱지를 획득한다.

　그러나 딱지가 엎어지지 않으면 공수가 바뀌고 계속해서 이러한 방법으로 이어지는 게임이다. 따라서 승리의 횟수가 많을수록 상대의 딱지를 그만큼 가져오게 되는 것이다.

　따라서 접은 딱지의 크기와 단단하기는 게임에서 승패를 가르는 결정적인 요인이 된다. 그래서 보다 두툼한 딱지를 접으려고 두껍고 뻣뻣한 종이를 구하기 위하여 심혈을 기울여 찾아야 한다.

　또한 공격자가 딱지를 어떻게 또는 어디를 내려치는지도 매우 중요한 기술이 된다. 대체로 딱지의 가운데보다는 네 면의 갓 부분을 내려쳐야만 쉽게 상대의 딱지가 엎어진다. 이것은 대다수의 동네 친구가 알고 있는 기본적인 딱지치기의 기술평가이다.

두 번째의 딱지놀이는 아주 다른 딱지로 하며 그 방법도 매우 다르다.

노트 크기의 용지(A4)에 약 30개의 작은 사각형 모양의 그림이 인쇄된 딱지를 구매해서 각 장을 가위나 칼로 오린다. 따라서 이것은 모두 가게에서 구매해야만 하고 스스로 만들거나 제작할 수 없다.

딱지는 화려하거나 재미있는 도안이 넣어 있기도 하고 또는 군인의 모습이 그려져 있다. 그래서 대부분 군대에서 사용하는 계급을 나타내는 별이나 무궁화꽃, 마름모꼴 모양이나 갈매기가 각 딱지의 계급으로 인쇄되어 있다.

따라서 이 딱지를 한 묶음씩 한 손에 들고 상대와 한 장씩 동시에 뒤집었을 때 딱지의 계급이 높은 쪽이 승리한다. 따라서 상대의 눈치를 잘 살펴서 매번 적기에 그보다 높은 계급의 딱지를 제시해야 한다.

이렇게 승리하면 상대가 보여 주었던 딱지를 바로 빼앗아 오는 방식으로 진행한다.

동네 친구들이 용돈이나 세뱃돈이 생기면 제일 먼저 구멍가게로 달려가 딱지를 구하는데 그러면 그날은 최고로 행복한 날이 된다. 그래서 가게에서 새 딱지를 사면 가위로 한 장씩 잘라서 소중히 간직하다가 게임에 사용한다.

따라서 해지거나 오래 사용한 딱지보다는 새로 산 깨끗한 종이의 인쇄가 선명한 딱지이거나 계급이 높은 딱지가 상대적으로 인기가 높다.

동네에서 딱지를 가장 잘 치는 아이와 친구들은 딱지를 수백 장 모아서 자기만의 보관함에 소중히 간직하고 자랑하기도 한다. 그리고 때때로 이를 한 장씩 세어 보고는 미소 지으며 흐뭇한 만족감에 흠뻑 젖는다.

✦ 외발 썰매와 수제 스케이트 타기 ✦

　엄동설한의 겨울 방학이 되면 동네 친구들은 다가오는 봄의 가뭄을 대비하여 물을 가둬 놓아 두껍게 얼어 있는 논이나 포강으로 썰매를 타러 간다.

　보통 어린애들은 두 발짜리 썰매에 앉아서 짧은 송곳 두 개를 손에 하나씩 잡고 얼음판을 찍고 밀어서 앞으로 나아간다. 그러나 조금 큰 친구들은 두 발로 외발 썰매에 올라서서 균형을 잡고 긴 송곳으로 얼음판을 죽죽 밀어 내며 앞으로 달린다. 이 외발 썰매는 간혹 남아 있는 벼를 자른 그루터기를 피하면서 잘 달릴 수 있어서 두 발 썰매보다 인기가 더 좋다.

　보통 썰매는 대개 적당히 굵은 긴 철사를 반듯하게 펴서 사용한다. 또는 양동이(바케쓰) 아래에 둘러쳐 있던 폭이 3~4센티가 되는 철판을 빼서 길고 반듯하게 편다. 그런 후에 적당한 길이로 잘라서 앞과 뒤를 구분할 수 있게 모양을 만들고 썰매의 칼날로 사용한다.

　그런데 이 썰매를 만들기 위해서는 먼저 지름 7~8센티 정도가 되는 소나무 통나무를 톱으로 자르고 그 가운데를 반으로 갈라서 두 개로 만든다. 그다음 그 둥근 부분의 가운데에 준비한 철사를 길게 대거나 아니면 칼날을 그 깊이가 반 정도 되도록 다른 나무토막으로 '툭툭' 때려서 박는다.

　이렇게 만든 다음에 칼날이 있는 반대쪽인 통나무의 넓적한 부분에 적당한 넓이의 송판을 대고 못질해서 발판을 만들면 완벽한 썰매가 된다.

　이렇게 두 개를 이용해서 만들면 두 발짜리 썰매가 되는 것이고 발판에 하나만 가운데에 박아서 사용하면 외발 썰매가 된다. 하지만 철사로 만든 썰매는 칼날이 철사이기에 얼음에 닿는 면이 둥글어서 옆으로 쉽게 미끄러지기 때문에 사용하기가 곤란하다.

한편 아이는 아주 특이한 방법으로 썰매를 만들어서 타기도 하는데 먼저 앞의 방법으로 칼날이 박힌 두 개의 반쪽 통나무를 만든다. 다음에 송판을 댈 부분에 발의 크기에 맞춰서 좌우로 긴 못을 앞, 중간, 뒤쪽에 좌우 각 하나씩 모두 6개를 박는다.

그런 다음 적당한 도구를 이용해서 박아 놓은 6개의 못을 바깥쪽으로 살짝 구부린다. 이는 고무줄이 잘 걸리도록 해서 그 위에 올려진 신발을 고정할 수 있게 하는 것이다.

그러니까 일명 '지네 발' 스케이트와 비슷한 모양을 만들고 어설프게 그 흉내를 내면서 얼음을 지치고자 하는 것이다. 따라서 스케이트 모양의 두꺼운 칼날 위에 다리를 올려놓고 좌우로 6개의 스케이트 고리를 이용하여 신발이 움직이지 않게 단단히 맨다. 진짜 '지네 발' 스케이트를 그대로 흉내 낸 것이다.

그런데 본래 '지네발 스케이트'란 다리와 신발을 고정하는 고리가 여러 개라서 곤충인 '지네'의 발과 모양이 비슷하게 생겨서 붙여진 이름이다. 이 스케이트는 도시의 대장간에서만 만들 수 있는 것으로서 동네에서는 쉽게 구할 수 없고 가정이 부유한 친구만이 가질 수 있는 아주 귀한 물건이다.

한편 아이가 만든 이 반쪽의 통나무 스케이트는 아주 중요한 요소가 두 가지가 있다. 첫째가 통나무에 박은 칼날이 좌우로 움직이지 않도록 단단하게 고정하는 것이다. 둘째는 앞으로 가기 위해서 발로 얼음을 찰

때 스케이트가 옆으로 미끄러지지 않게 스케이트 칼날의 밑부분을 완전히 평평하게 갈아야 한다.

그렇지 않으면 두 발로 서서 스케이트를 좌우로 교차하며 비스듬히 밀어 낼 때 미끄러져서 힘을 낼 수 없다. 따라서 얼음 위에서 헛발질을 해서 옆으로 미끄러지는 것을 방지하기 위해 절대적으로 중요하다는 것이다.

한편 아이의 시골 동네에는 도시의 친구들이 즐겨 타는 까만 멋진 가죽 구두가 붙은 진짜 스케이트를 직접 본 친구가 아무도 없고 단지 이야기만 들었을 뿐이다.

다만 여유가 있는 친구는 대장간에서 무쇠로 만든 그 '지네 발'이라는 스케이트를 타면서 작은 썰매 사이를 '획획' 누비고 다니면서 다른 친구들의 눈치도 살피며 은근히 자랑하기도 한다.

행복은 생각보다 가까이 있고,
행복한 마음을 먹은 만큼만 행복하다.
- 명언 한 줄 -

하얀 눈에서 덫으로 새 잡기

한겨울에는 차가운 북풍이 심하게 몰아쳐서 날씨도 매우 춥고 눈이 수북하게 쌓이는 하얀 엄동설한이 이어진다. 그러면 많은 종류의 산속 짐승과 새들이 먹거리를 찾아서 헤매다가 동네까지 내려온다. 이런 때가 되면 아이와 친구들은 '텁새기(덫)'라는 새잡이 틀을 만들어서 그 새를 잡기 위해 바쁘게 뛰어다닌다.

이 텁새기(덫)를 만드는 기술은 먼저 지름이 약 5센티 정도가 되는 참나무 가지를 구부려서 큰 활을 만든다. 이때 활을 만드는 줄은 강하게 꼰 두 줄의 새끼줄을 이용한다. 구부린 활은 다시 일자로 회복하고자 하는 강한 힘으로 인하여 두 가닥으로 만든 새끼줄에 매우 강한 장력이 생겨서 팽팽해지게 된다.

그런 다음에는 또 하나의 작은 U 모양의 활을 만들어 그 안쪽 모든 면을 가는 새끼줄로 그물망을 짜거나 기존의 그물을 이용해서 덮는다.

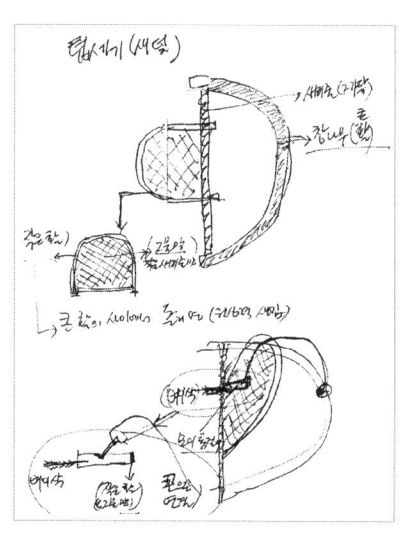

그런 후에 큰 활을 땅에 대고 두 가닥의 활줄인 새끼줄 사이에 작은 활의 활대를 중앙에 끼우고 큰 활의 안쪽으로 몇 바퀴 돌린다. 그러면 큰 활의 회전력에 의

해서 그물망으로 만들어진 작은 활이 원 상태로 되돌아가려는 강한 반작용의 원심력이 생긴다.

이러한 원심력이라는 힘을 이용하여 그물망이 달린 작은 활이 새들을 덮치도록 하고 덮친 새를 손으로 꺼내는 방법으로 새를 잡는 것이다.

이때 미끼로는 벼 이삭을 대나무로 만든 미끼통에 끼워서 달고 그 미끼통을 긴 실이나 끈을 이용하여 큰 활에 고정한다. 그리고 작은 활을 수직으로 세워서 놓으면 지나가던 새가 날아온다. 그리고 이내 배고픔으로 그 미끼를 쪼아 대면 미끼가 빠지면서 고정되어 있던 미끼통이 작은 활에서 빠진다.

그러면서 움츠리고 있던 강한 회전력에 의해서 작은 활이 먹이와 주변에 있던 새들을 순간적으로 덮쳐 움직이지 못하게 누르는 행태가 되는 것이다. 그러면 이를 보고 있던 아이가 쏜살같이 덫으로 달려가 작은 활을 살며시 들어 올리면서 퍼덕거리는 새를 손으로 잡으면 된다.

한편 이 텁새기(덫)는 쉽게 움직이지 않게 몇 개의 커다란 돌로 눌러서 고정하면 보다 효과적이다. 그리고 이 텁새기(덫)는 눈이 많이 쌓인 넓은 지역에서 새들이 먹을거리를 찾아서 헤매는 것을 이용하는 것이다.

그래서 짚가리(짚을 쌓아 놓은 곳)의 한 부분의 쌓인 눈을 살며시 치워 짚이 보이도록 해서 먹을거리가 있는 것처럼 위장한다. 그래야만 창공을 이리저리 헤매는 새들이 그곳을 쉽게 볼 수 있다. 이렇게 적극적으로 새를 유혹해서 덫을 놓으면 그 효과는 생각보다 훨씬 크다.

허망하게 날아간 방패연

늦가을이 지나서 추위가 다가오는 계절에는 북풍이 생기고 아이와 동네 친구들은 모여서 한가하게 연날리기를 즐긴다. 그러면 누구의 연이 더욱 높은 하늘을 잘 날아오르는지 서로 견제하고 이런저런 이야기를 나눈다.

연을 날릴 때 가장 중요한 것은 어떤 연이든지 연의 귀를 어떻게, 어떤 각도로 매서 본래의 연줄과 이을 것인지이다.

가오리연은 좌우 귀에 짧은 꼬리를 달거나 연의 꽁지 부분에 꼬리를 길게 달아서 연이 흔들리지 않게 한다. 그러나 대개는 낮은 하늘에서 긴 꼬리를 흔들면서 이리저리 나른다. 그리고 친구들은 연을 머리 위로 오르게 하면서 연실을 잡고 동네 길을 누비며 얼굴에서 땀이 나도록 열심히 뛰어다닌다.

한편 아이도 다른 친구와 같이 방패연을 가지고 있는데 그 가운데에는 태극 마크가 선명한 멋있는 그림이 그려져 있다. 그리고 파란 하늘 높이에서 연줄의 경사가 가파르게 하고는 바람을 타면서 몸을 살살 흔들며 높이 나른다.

그러더니 연줄의 각도가 거의 60도 이상으로 치솟자 아주 강한 북풍의 힘으로 연줄을 더욱 팽팽하게 당긴다. 그러면 연줄 감개를 살짝 밀었다가 당기기를 계속하면서 누구라도 내 방패연을 보라는 듯이 자랑스럽게 즐긴다.

그런데 마침 옆에서 비슷한 방패연으로 높이 날리고 있던 아래 집 형이 슬슬 접근하면서 연싸움을 하자고 한다. 하지만 연싸움에 대한 준비가 되어 있지 않았고 더구나 동네 형이라는 부담으로 이내 거절하고 조금씩 옆으로 피한다.

그러나 그 형은 더욱 바짝 다가와서 완력으로 아이의 연줄에 자기의 연줄을 비벼 줄을 끊어 버린다. 그러자 아이의 연은 중심을 잃고 사정없이 하늘에서 좌우로 흔들거리며 저 멀리 동네의 끝 쪽으로 정처 없이 날아가 버린다.

그런데 그 형은 연싸움에서 이겼다면서 전쟁에서 승리한 개선장군이나 된 것처럼 고개를 쳐들고 히죽거리면서 아이를 쳐다본다. 이에 너무 분하고 황당하여 그 형을 저주하면서 땅바닥에 주저앉아 얼레를 집어 던지며 '엉엉' 울음을 터트린다.

아무리 힘이 세고 나이가 많은 형이라도 기본적인 원칙을 어기고 약한 자의 말을 사그리 무시하는 것에 분노한 것이다.

그런데 원래 연싸움을 위한 연줄은 깨진 사기그릇을 모아서 곱게 부순 (분쇄) 후 밀가루 풀이나 밥풀에 잘 섞어서 연줄에 가볍게 바르고 말린다. 그러면 이 연줄은 풀로 인하여 연줄도 강화되고, 깨진 사금파리의 날카로운 면이 연줄에 단단히 붙어서 연싸움을 할 때 상대의 연줄을 쉽게 끊을 수 있는 공격적인 무기가 된다.

아이는 특별히 강한 나일론 실을 이용하지도 않고 흔한 어머니의 바느질 실패에서 가져온 가장 굵은 무명실을 연실로 하여서 그렇게 쉽게 당한 것이다.

그렇게 부당함을 보고 참아 내기 힘든 성격인 정직한 아이는 그 형과 같은 정의가 없고 불의가 심한 사람을 이 세상에서 가장 싫어하게 된다.

비탈길에서 구르마 타기

　아이가 살고 있는 동네에는 자그마한 뒷산으로 오르는 비탈진 언덕의 마찻길이 30~40미터 이어져 있다. 심한 경사는 아니지만 구르마(자동차, 수레)를 타면 비탈을 따라 한동안 굴러서 내려오는 짜릿한 속도감을 느낄 수 있다.
　그래서 동네 친구들이 자주 여기에 모여서 저마다 스스로 만든 구르마를 타며 즐긴다. 이런 구르마는 친구들이 각자 스스로 만들어서 특색 있게 아주 다양한 형태와 모양을 하고 있다.
　그러나 대체로 먼저 Y 자 모양으로 굵기가 약 5~8센티 정도의 소나무를 산에서 베어 와 구르마의 기본이 되는 중심 골격으로 이용한다. 또한 운전대를 만들기 위해서 조금 가느다란 Y 모양의 나뭇가지를 하나 더 찾아서 톱으로 잘라 다듬고 적당히 말린다.
　그리고 앞과 뒤의 두 바퀴 틀은 먼저 껍질을 벗겨 낸 통 소나무를 폭이 5센티 정도의 넓이로 잘라서 바퀴 4개를 만든다. 그리고 그 바퀴의 가운데에 철근과 같은 긴 쇠를 연결해서 두 개를 만들면 된다.
　이렇게 미리 준비한 핸들과 몇 가지 부속품을 잘 조립하고 두 개의 바퀴 틀을 앞과 뒤에 달면 잘 구르는 훌륭한 구르마가 되는 것이다.
　어느 날 아이가 열심히 이 비탈길을 오르내리면서 구르마를 재미있게 타고 있는데 갑자기 한쪽 앞바퀴가 빠졌다. 그러더니 구르마는 갑자기 옆으로 정지하고 빠진 바퀴는 언덕길을 따라서 데굴데굴 굴러 내려간다. 이에 당황한 아이는 급하게 두 발로 기울어진 몸을 바로 세우고 얼른 구르마에서 내려 바퀴를 찾아 쫓아간다.

그러자 언덕길 근처에 사는 친구의 할아버지가 이 굴러온 바퀴를 슬쩍 감추고서는 "어디로 갔지?" 하면서 능청을 떤다. 그러면서 이런 아이의 행동을 바라보면서 다가가서 눈치를 살피며 은근히 놀린다.

당황한 아이는 눈물을 참아 가면서 열심히 눈길을 이리저리 돌리며 찾아보았으나 얼른 보이지 않는다. 이때 할아버지가 빙그레 웃으면서 허리춤 뒤에 숨겼던 바퀴를 슬그머니 내주며 한바탕 껄껄 웃는다. 얼른 이것을 받아 든 아이는 안도의 한숨을 쉬며 굳었던 얼굴을 밝게 편다.

보통 구르마를 잘 구르게 하는 가장 중요한 것은 네 개의 바퀴이다. 이 바퀴는 지름 약 20센티 전후가 되는 소나무를 폭이 5센티 정도 되는 두께로 토막을 내서 만든다. 이렇게 만든 4개의 바퀴는 그루마의 좌우에 한 개의 바퀴 틀을 만들어서 앞과 뒤에 달고 그 형태를 완성하면 된다.

동네 우물에서 두레박줄로 사용하다가 버린 고무줄을 구해서 나무 바퀴의 중앙 부분에 돌려 가며 못으로 박으면 바퀴는 땅과의 접촉하는 면적이 그만큼 적어지고 고무의 탄성으로 인하여 구르마가 아주 잘 굴러간다.

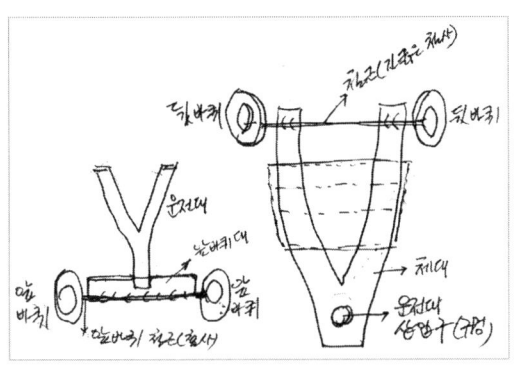 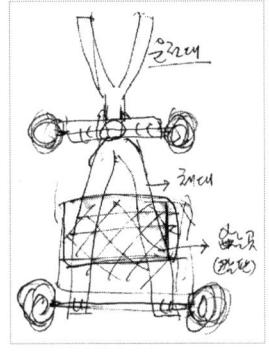

이런 요령을 알게 된 아이는 더욱 발전해서 방앗간에서 사용하다 버린 베어링이나 작은 쇠바퀴를 구하여 구르마의 바퀴로 사용하는 기지도 보인다. 이렇게 베어링을 바퀴에 끼우면 막강한 회전력이 생겨서 아주 좋다. 또한 쇠바퀴는 약한 나무 바퀴를 대신하기 때문에 훨씬 구르마가 잘 굴러간다.

　아이는 스스로 동네에서 가장 빠르게 굴러가는 멋진 구르마를 만들어서 속도감 있게 즐기곤 한다. 구르마가 언덕을 굴러 내려가면서 자부심은 점점 대단해지고 더불어 그의 미래도 함께 성장해 간다.

천국과 지옥은 바로 내 마음속에 있다.
- 명언 한 줄 -

아랫마을과의 전쟁놀이

아이가 사는 동네는 농촌의 시골이지만 1구부터 4구까지 있는 약 500호가 다정히 모여서 사는 매우 큰 동네이다. 그런데 동네 중앙에 있는 의용소방대의 사이렌 망루를 중심으로 동서로 나누어 '동강'과 '서강'이라는 두 개의 별칭을 갖고 있다.

또한 윗동네와 아랫동네를 구분하여 경찰지서 앞을 가로지르며 버스가 다니는 넓은 신작로를 기준으로 한다.

아이는 그중에서 서강의 윗동네에 살고 있고 매일같이 친구들과 떠들썩하게 어울리는데 마당이 넓은 큰 집도 이곳에 있다. 그런데 아랫동네 친구들과는 아무런 특별한 이유도 없이 놀이로 가끔 패를 지어서 집단적인 싸움인 전쟁놀이를 하곤 한다.

그러던 어느 날은 우리 윗동네의 친구들 15여 명이 예리한 낫으로 깎아서 만든 긴 나무칼을 하나씩 들고 아랫동네를 공격했다. 동네를 가로지르는 신작로를 넘어 은밀한 공격을 위하여 동네의 좌측 주변의 논두렁과 밭두렁을 돌아서 아랫동네의 옆구리 쪽으로 진격한다.

그러나 아랫마을 친구들이 이를 미리 눈치채고 공격 방향의 인근 논두렁 뒤에 숨어서 매복하고 있다는 것을 알지 못한다. 이렇게 논두렁 앞에 별안간 나타난 아랫마을 친구들이 변소에서 묻힌 고약한 냄새가 물씬 풍기는 커다란 나뭇가지를 크게 휘둘러 댄다.

그래서 아이는 갑자기 당한 기습에 변 냄새만 코에 달고 급하게 후퇴하다가 나이가 조금 많은 아랫마을 형에게 붙잡힌다. 이에 잔뜩 당황해서 어리둥절한 그때 별안간 예고도 없이 그 형에게 귀싸대기 한 대를 얻어맞는다. 으슥한 달빛 하늘에 비친 별이 아닌 또 다른 별이 번쩍이는 모욕을 당한 것이다.

　이내 패잔병이 되어서 윗마을의 큰 마당으로 돌아와야 하는 참혹한 참패를 당한다. 그 후부터는 윗동네 친구들도 냄새를 풍기는 무기를 덩달아 갖추게 되고 더욱 기발한 무기도 개발해 낸다. 그것은 가시가 달린 가시나무를 구해서 그 가지를 많이 자르지 않고 통째로 들고 나가서 상대를 향해 휘두르는 커다란 가시나무다.

　또래들끼리 무리 지어 즐기는 이러한 전쟁놀이에는 기발한 각종의 신종 무기가 새로이 선보이고 싸움의 양상도 기술적으로 점점 발전한다.

'SUCCESS': It's not always what you see.
- 명언 한 줄 -

✦ 겨울철 마당에서 쥐잡기 ✦

　매일같이 동네 친구들이 모여서 왁자지껄 소란스럽게 노는 큰 집 마당에서는 여러 가지 다양한 놀이를 한다. 그런데 겨울철에는 대단히 야만스럽고 무자비하나 대신 온몸을 달구며 이마에 땀도 내고 즐기는 쥐잡기 놀이에 종종 빠진다.
　가을철에 수확한 벼를 탈곡기로 탈곡하면 벼가 방아 찧기 편하게 낱알로 나오고 부수적으로 볏짚과 그 부스러기인 검불도 쌓인다. 그러면 벼 짚단은 '짚가리'라고 하여서 마당의 한쪽에 작은 집처럼 높이 차곡차곡 쌓아 둔다. 그랬다가 한가한 때 가마니를 짜거나 새끼줄을 만들고 간혹 땔감으로도 사용한다.
　그리고 푹신한 벼 검불도 마당의 한쪽에 수북하게 쌓아 놓았다가 필요하면 땔감으로 쓰기도 한다. 특히 외양간에 바닥을 깔아 주어서 소가 춥지 않도록 유용하게 이용한다.
　그런데 이렇게 쌓아 놓은 검불 속은 차갑지 않고 따뜻해서 집 근처의 쥐들이 하나둘 모여든다. 그리고 자기의 가족들이 머무는 보금자리로 자리를 잡고 차가운 한겨울 날씨를 이겨 내는 포근하고 안락한 장소로 만든다.
　그러면 동네 친구들의 장난기가 발동해서 이것들을 괴롭히기로 한다. 그래서 약속이라도 한 듯 개구쟁이들은 몽둥이 하나씩을 들고 검불 더미를 둥그렇게 빙 둘러싼다. 그런 후에 친구 중 한두 명이 검불에 올라가서 아무 소리나 지르면서 사정없이 이리저리 뛴다.

그러면 그 속에 있던 쥐들은 깜짝 놀라 밖으로 뛰어나오며 사방으로 내달려 도망간다. 이때 미리 검불에 둘러서 있던 친구들이 이들을 무서워하지 않고 몽둥이로 사정없이 휘둘러 이리저리 도망가는 쥐를 때려잡는다.

이렇게 추위도 잊고 이마에 땀을 흘리면서도 누가 가장 많이 쥐를 잡는지 서로 세어 보며 은근히 신경을 쓴다. 이처럼 도망치는 쥐들을 쫓아서 뛰어다니는 일등 쥐잡이가 되는 것이 그날의 최대 관심사가 되는 것이다.

아이는 일등을 한 번도 못한 수난의 놀이지만 쥐꼬리를 잘라서 학교에 제출하는 것이 숙제로 주어지는 때는 더욱 힘을 내서 열심히 몽둥이를 휘두른다.

사람은 과거를 통하여 배워야 한다.
- 명언 한 줄 -

기발한 민물장어 잡기

 가뭄이 아주 심한 60년대 어느 여름날에 긴 포강의 물은 물론 물이란 물은 모두 말라서 아이네 동네의 넓은 논에도 물을 대기가 매우 힘들었다.
 그래서 가까이 있는 면내에서 만수위를 자랑하던 가장 큰 저수지도 그 많던 물이 거의 빠져 줄어든다. 결국 물의 수위는 가장 깊은 곳이 어른들의 가슴 정도가 되는 높이에 이르고 가장자리는 겨우 다리 정도만을 묻는 정도가 된다.
 이에 동네 주변의 사람은 물론이고 먼 지역에서도 물고기들을 잡으려고 저수지 주변으로 몰려든다. 그 와중에 읍내에서 어른 두 분이 이곳에서 장어를 잡기 위해서 아이의 집에 이틀간 세를 내어 머문다.
 보통 저수지는 널따랗고 긴 둑에 커다란 돌을 나란하게 촘촘히 쌓고 그 공간을 흙으로 단단히 다져 올린 후 그 안에 물을 담는 모양새이다. 그런데 저수지의 물이 줄어들면 물속에 있던 장어들이 어쩔 수 없이 둑 아래 돌 틈 사이로 숨어든다.
 그러면 보통 그곳에 그물을 치고 긴 장대로 물 위를 탕탕 쳐 장어와 같은 물고기가 들어가도록 해서 잡는다. 그렇지 않고 민물장어만 잡으려면 길게 생긴 장어잡이 갈고리로 장어를 보고 재빠르게 '후다닥' 채서 잡는 것이 아주 일반적이다.
 그런데 아이 집에 잠깐 세를 내서 온 이 어른은 보기 힘들게도 자동차 배터리를 이용하여 장어를 잡는다. 이 방법은 참으로 희한하고 처음 보는 현상이라서 아이와 가족들은 마음속으로 매우 놀라지만 기색은 하지 않는다.

먼저 차량용 배터리를 넓은 끈을 이용하여 등짐처럼 등에 질 수 있도록 만든다. 그리고 배터리의 +와 -에 하나씩 전선을 연결하여 2개의 막대기에 붙인 쇠막대기에 각각 잇는다.

그런 후에 현장의 저수지 물에 들어가면 그 막대기를 양손으로 하나씩 잡고 일정한 간격을 유지하면서 돌 사이에 밀어 넣는다. 그러면 물에 전기가 흘러서 장어가 순간적으로 기절하며 물 위로 떠오르고 이내 뜰채로 재빨리 건져서 준비한 그릇에 담는 방식이다.

이렇게 장어를 잡는 것은 사실 불법이지만 새로운 방식으로 많은 민물장어를 사정없이 잡아 올린다. 그리고 장어들을 물에 흠뻑 젖은 짚으로 만든 쌀가마니에 담는데 하루 동안에 두 가마니 정도를 잡아서 읍내로 가져간다.

그런데 그 어른들은 잡은 민물장어를 가져가기 전에 우리 집에 머물게 해 줘서 고맙다는 보답으로 얼굴을 닦는 세숫대야에 장어를 한가득 부어 준다.

그 덕분에 아이는 장작불에 석쇠로 구운 기름진 민물장어구이를 마음껏 먹을 수 있는 절호의 기회를 생전 처음으로 갖는다.

그러나 이 행운의 기쁨의 설렘도 변소를 바쁘게 들락거리게 만드는 고생을 감내하게 할 줄은 꿈에도 몰랐다.

✦ 손가락 상처와 대나무 낚싯대 ✦

성당은 아름답고 뾰족한 고딕식 빨간 벽돌로 된 건물과 나무들이 울창한 숲으로 이루어진 작은 동산이 경내로 되어 있다. 그 경내의 바깥쪽 바로 아래는 커다란 돌담이 있는 큰 기와집과 인접해 있다.

그곳에는 동네에서 유일하게도 많은 대나무가 무리 지어서 자라는 정원이 있는데 이름하여 '면장 집' 뒤뜰이다. 오래전 왜정 시대에 집주인이 면장을 하여서 그 이름이 붙여졌다고 하는데 그분은 아이와 먼 친척이 되기도 하다.

어느 날 아이는 대나무 낚싯대가 필요해서 대나무를 자르려고 그 집 뒤뜰의 허술한 부분의 담을 넘어서 몰래 들어간다. 그리고 쭈욱 뻗은 잘생긴 대나무를 하나 발견하고 요동치는 가슴을 억누르며 낫으로 밑부분을 힘차게 자른다.

그 순간 주인집 쪽에서 덩치가 산만큼 커다란 '셰퍼드' 개가 왕왕 짖으면서 저 멀리서 달려온다. 이에 깜짝 놀라고 당황하여 바로 벤 대나무와 낫을 들고 뒤도 안 보고 담 밖으로 사정없이 내달린다.

성당 방향의 돌담을 통하여 밖으로 나와 겨우 그 개의 공격에서 벗어난 아이는 얼굴에서 흘리는 땀을 닦으며 크게 한숨을 돌린다. 이후 흥분 상태에서 이리저리 사방을 살피며 대나무의 가지를 낫으로 하나씩 재빨리 쳐 낸다.

조금이라도 빨리 집으로 가져가야 한다는 생각으로 정신없이 급하게 서두르다가 그만 큰일을 저지른다. 대나무 가지를 자른다는 것이 그만 잘못하여 대나무를 쥐고 있던 손가락을 낫으로 찍은 것이다.

이내 "아얏!" 하는 비명을 작은 소리로 지르며 들고 있던 것을 땅에 던져 놓고는 손가락을 다른 한 손으로 감싸 쥔다. 피가 철철 나고 상처의 안쪽에는 하얀 뼈까지 보이는 듯하나 아프기보다 너무나 당황해서 정신이 혼미하고 아무런 생각도 나지 않는다.

조금 후 쥔 손을 놓으면서 정신을 차린 아이는 나머지 가지를 대충 다듬어서 정리하고 집으로 돌아간다. 어머니가 이 상처를 보고 대단히 놀라신다.

그러면서 대충의 경황을 들은 어머니는 "그냥 면장 집에 가서 대나무 하나만 베어 가겠다고 하면 되는데 이게 무슨 짓이냐?" 하며 큰소리로 말씀하신다. 그러면서 아이의 손가락에 난 상처 걱정으로 내심 속상한 표정을 지우지 못한다.

이렇게 사연 많은 대나무 낚싯대는 손가락에 깊은 상처를 내며 만들어졌으나 한 번도 제대로 활용하지 못한다.

그 상처는 좌측 둘째손가락에 나쁜 짓을 하지 말라는 경고의 훈장으로 남아서 항상 바른 마음으로 살도록 지도하고 훈계도 한다.

대보름날 이웃집 밥 훔치기

　음력으로 정월 초하루인 설날이 지나고 보름날이 되면 '정월 대보름'이라고 해서 동네에서는 몇 가지 특별한 행사를 치른다. 그중에서 주로 또래 작은 친구들이 저녁 식사 후에 끼리끼리 모여서 이웃집을 방문해 먹을거리를 얻거나 아니면 집에 몰래 들어가서 밥과 반찬 등을 훔친다.
　그렇게 훔치거나 얻은 밥과 반찬은 커다란 양푼에 모두 담고서 싹싹 비빈 후에 친구 방에 둘러앉아 사정없이 퍼먹는다. 그런데 그 맛은 너무나 맛나고 기분도 짜릿해서 친구들은 정신없이 숟가락을 연신 입으로 나른다.
　그해 정월 대보름날에는 아이와 친구들 다섯 명이 남의 집밥을 훔쳐 먹기로 하는 큰 계획을 세우고 호시탐탐 모인다. 얼마나 많은 밥과 맛있는 반찬을 가져올 수 있을지 매우 궁금해서 흥분되고 살짝 가슴도 떨린다. 각자 몇 집을 정해서 행동을 개시하고 1시간 후에 같은 장소에 다시 만나기로 한다.
　그런데 비슷한 시간에 다른 팀의 형들이 엉뚱하고 심한 일을 저질러서 동네에는 작은 싸움이 생긴다. 그러니까 다른 형님들의 그룹에서 아이의 옆집 밥과 반찬은 물론이고 함께 있던 쇠고기 한 덩어리를 몰래 훔쳐 와서 먹어 버린 것이다.
　쇠고기는 아주 귀하고 비싸서 아무나 사 먹지도 못하는데 이것을 가져간 것은 너무 심하다며 그 잃어버린 집에서 큰 성화를 내는 것이다. 더군다나 그 쇠고기는 얼마 후 있을 제사에 쓰려고 어렵게 준비한 것이라고 하면서 배상하라고 강력히 항의한다. 이 사건은 결국 경찰지서까지 가는 일이 생기고 후에도 동네에서 한동안 온통 시끄러운 이야기 소재가 된다.

이런 분위기에서 아이의 친구들은 모두 밥과 반찬을 조금도 구하지 못하고 허망한 얼굴을 지으며 빈손으로 다시 모인다. 그래서 아이는 한 친구에게 자기 집 부엌에 가면 솥에 밥이 있고 찬장의 한쪽 구석에 반찬이 있으니 가져오면 된다고 알려 준다. 그 친구는 다행히 성공적으로 밥과 나물 등을 가져와서 바로 그 친구의 집으로 몰려간다.

그러고는 낄낄거리며 무용담을 나누면서 참기름과 여러 종류의 반찬을 몽땅 넣고 비벼 신나게 먹는다. 사실은 그날 저녁 아이의 큰누님이 밥과 음식을 찬장과 가마솥에 감추어 놓는 것을 보았기에 정확히 성공한 것이다.

밤늦게 집에 들어간 아이에게 누나가 의심하는 눈초리로 몇 번 다그치지만 끝내 시치미를 뚝 떼고 전혀 모르는 일이라고 항변한다. 이는 결국 우습게도 대보름날 밤에 야식으로 먹을 아이네 집 음식을 동네 친구들과 아주 맛있게 나누어 먹은 정월 대보름의 즐거운 추억으로 남게 된다.

만남은 기쁨이고 기다림은 행복이다.
- 명언 한 줄 -

힘차게 '불깡통' 돌리는 날

정월 대보름날이 다가오면 아이들은 야밤에 불깡통을 돌리기 위해서 여러 가지를 궁리하고 준비한다.

먼저 귀한 통조림(간쓰메)으로 쓰였던 깡통을 구해야 한다. 그러나 이것은 비싸고 귀해서 평소 먹는 가정이 별로 없어서 좀처럼 구하기가 어렵다. 그러나 온 동네를 샅샅이 뒤지고 다니면 결국은 찾아낼 수 있다.

그런 후 그 깡통을 깨끗하게 닦고 빙빙 돌려 가면서 못과 망치로 많은 구멍을 낸다. 깡통을 돌리면 이 구멍으로 바람이 잘 통해서 깡통 안의 불꽃을 키우고 잘 타게 하기 위해서다.

그런 다음에 깡통 입구 양편에 구멍 두 개를 별도로 만들고 불에 타지 않는 철삿줄로 연결해서 팔만큼의 길이가 되게 조정한다. 그리고 손으로 편하게 잡을 수 있고 깡통을 돌려도 놓치지 않을 손잡이를 만든다. 이 손잡이를 잡고 들어 올리면 구멍이 숭숭 뚫린 불깡통이 철삿줄에 매달리는 형태가 되는 것이다.

그리고 아주 잘 타서 깡통에 넣고 태울 '광솔' 나무를 자르기 위해 낫과 톱을 들고 뒷산에 오른다. 소나무 생가지를 자른 부분에는 송진이 나와서 고이거나 흘러내려 딱딱하게 굳는데 이 송진이 흘러나오는 가지를 '광솔'이라고 한다.

보름날 깡통에 불을 활활 지피기 위해서는 광솔이 꼭 필요하고 더욱이 오랫동안 타는 장점도 있어서 이것을 적극 활용해야 한다. '광솔' 가지를 잘라서 집으로 온 다음에는 도끼나 낫으로 깡통에 들어갈 수 있도록 조그마하게 잘라 놓는다.

  그렇게 저녁이 되어서 해가 떨어지면 달빛으로 조금 훤한 동네에서 논둑을 따라서 넓은 들판 논으로 간다. 그곳에는 이미 동네 친구들이 삼삼오오 불깡통을 하나씩 들고 모여서 웅성이고 있다.

  그러면 얼른 깡통 속의 광솔에 종이를 이용해서 불을 붙이고 팔을 움직여서 살살 돌리기 시작한다. 그러다가 속도를 더하여 어깨를 늘려서 크게 돌리면 불이 점점 커지면서 깡통이 돌 때마다 '확~ 확~' 하는 불소리를 낸다.

  이렇게 열댓 명의 아이와 친구들이 안전한 거리를 두고 흩어져서 열심히 깡통을 돌리면 찬란한 불꽃이 창공에 날린다. 누구의 불깡통이 밝게 불꽃을 내며 잘 타는지 서로 쳐다보기도 한다. 그러나 무엇보다도 불깡통이 내는 불꽃의 궤적을 멋지고 아름답게 하는 것이 '불깡통' 돌리기의 핵심이다.

  아이는 팔이 아픈지도 모르고 열심히 돌리면서 정신없이 즐기고 나서 다음 날에는 팔이 아프다고 괜한 즐거운 엄살을 떤다.

  그리고 동네 어른들은 더러 논둑에 불을 놓거나 마을과 떨어진 논에 짚가리를 쌓아 놓고 태우기도 한다. 이는 마을의 액운을 몽땅 태워 버리는 동네의 향토적인 행사로 이어져 온 것이다.

  논둑의 여기저기에서 '확확'거리며 작은 어깨를 넘어서 크게 원을 그리며 돌아가는 불깡통은 너무나 아름답고 그 소리도 짜릿해서 또렷한 그림으로 영원히 남는다.

군것질과 '쌀 서리'

시골에서 주전부리로 먹을 것이라곤 주로 여름철에는 '무'이고 겨울철에는 통가리에 보관하고 있는 '고구마'가 주를 이룬다. 그리고 이른 봄에는 들이나 수로의 둑에서 자라는 잔디의 새순인 '삘기'와 '시영(싱아)'이 있다. 또한 가을철에는 산에서 나는 '칡뿌리'도 아주 흔한 주전부리다.

그래서 지게를 지고 땔나무를 하려는 마음으로 산에 가더라도 봄철에는 우선 가장 먼저 신맛이 나는 '시영'을 찾는다. 이 시영은 새순의 연한 줄기로서 껍질을 벗기고 입에 넣고 살며시 앞니로 싹둑 잘라 사근사근 씹으면 식초처럼 아주 신맛이 난다.

이내 얼굴이 살짝 일그러지나 이것은 아주 좋은 먹거리로 시골 친구들의 비타민C 공급원이 되는 훌륭한 건강식품이다. 그러나 그것도 모르는 채 그때만 되면 여럿이 몰려다니면서 이것을 찾아내 게걸스럽게 먹는다.

그리고 아주 가끔은 보리쌀이나 쌀 또는 설날에 남겨 놓은 바싹 말린 떡을 뻥튀기로 튀긴 것도 역시 최고의 맛이다. 그러나 쌀이나 보리쌀을 튀긴 뻥튀기를 먹을 때는 집 안 여기저기에 흘려서 어머니에게 혼도 많이 난다.

사실 어머니는 그것을 핑계로 대접 그릇에 조금씩만 담아 나누어 주면서 마구 먹는 것을 적당히 통제하여 아끼려고 하는 것이다.

한편 개구쟁이로 유명한 아이는 쌀 방앗간에 가서 아버지를 찾는 척하면서 준비해 간 대나무로 만든 통으로 쌀을 서리한다. 방앗간 한편에 쌓아 놓은 쌀가마니에 슬쩍 다가가서 준비한 대나무 통의 뾰족하게 깎은 부분을 가마니 아랫부분에 꽂는다.

　그리고 그 대나무 통의 반대쪽을 바지 주머니에 넣은 다음 살살 흔들면 쌀이 대나무 통을 통하여 주머니로 '주욱' 흘러 들어온다. 빠른 시간에 양쪽 주머니를 불룩하게 채운 후에 볼일을 모두 본 듯이 유유히 방앗간을 빠져나온다. 그리고 나서는 이내 후다닥 내달려서 급하게 그곳을 벗어나 친구에게 향한다.

　이렇게 얻은 쌀은 주변에서 긴장하고 지켜보던 친구들과 미리 준비한 함석으로 만든 쓰레받기를 갖고 뒷산으로 올라간다. 그리고 바위틈에 작은 돌로 화덕을 만들고 그 함석(양철판) 위에 쌀을 올려 불을 지핀다.

　그러면 철판으로 된 쓰레받기는 뜨거워지면서 그 위에 놓은 쌀들이 '탁탁' 소리를 내면서 누렇게 익어 간다. 그러면 즐거운 얼굴로 둥그렇게 둘러앉아서 '아삭아삭' 맛나게 한 주먹씩 집어 입에 털어 넣고 씹는다.

　저 멀리에는 갯벌의 바다가 가까이에 보이고 산 아래에는 푸르고 울창한 숲으로 둘러진 뾰족한 성당이 눈앞으로 다가와 있다. 그리고 그 넓은 주변에 푸근하게 자리 잡은 납작한 초가지붕에서는 보리밥 짓는 하얀 연기가 하얗게 피어오른다.

　이를 바라보는 천진난만한 아이와 친구는 가득한 미소로 마음속에 행복한 동심을 키우면서 아무도 모르는 미래의 세상을 열어 간다.

지하 농수로에서 헤엄치기

　동네의 제일 큰길인 신작로는 동네를 길게 가로지르면서 읍내와 큰 도시까지 이어진다. 그런데 이 신작로에는 이웃의 커다란 저수지에서 논에 물을 대 주는 농수로를 만나 서로 부딪치는 곳이 두어 군데 있다.
　그러면 그 신작로 밑을 가로지르는 아주 커다랗고 둥근 로깡(시멘트 통로)을 묻어서 이를 통하여 물이 흐르도록 수로를 이어 준다.
　한여름의 무더위를 피해서 시원한 것을 찾는 동네 친구들에게는 이내 그 농수로가 떠오르고 그곳에서 물장구를 치기로 한다.
　이곳에 모인 아이와 친구들은 허름한 옷을 홀랑 벗고는 신작로 한쪽의 물이 흘러 들어가는 곳으로 몸을 던져 다이빙으로 그 속에 들어간다. 그리고 숨을 참아 가며 허리를 구부리고 통로를 기거나 헤엄을 쳐서 신작로 반대쪽 물이 나오는 곳으로 솟아오르는 놀이를 즐긴다.
　이렇게 아주 시원하고 짜릿한 짓으로 모든 행복을 잡은 듯한 얼굴을 하고는 "우~아!" 하고 크게 소리친다. 그러면서 머리에서 검게 탄 얼굴로 줄줄 흐르는 물을 손으로 대충 훔쳐 내면서 쥐 새끼 방앗간 드나들 듯이 계속 왕복한다.
　혹시 어머니가 이런 놀이를 하는 사실을 알면 위험한 짓이라고 날벼락이 떨어지는 일이지만 이를 전혀 아랑곳하지 않고 뛰어다닌다. 친구 중에서 가장 빨리 물속을 빠져나와 최고가 되는 것만이 최대 관심사이고 그들의 바람이다.
　이처럼 신작로에 화물차라도 지나가면 뿌연 흙먼지를 길게 날리는 그 신작로 밑의 지하 농수로는 한동안 아이가 물고기와 친구가 되는 멋진 장소가 되는 것이다.

 그 신작로를 가로지르는 지하의 농수로는 동네 친구들이 얼굴을 흠뻑 적시고 해맑게 웃으면서 더위를 식히고 즐기는 또 다른 여름날의 세상이 된다.

<u>인간을 성숙시키는 힘은 특별한 체험이 아닌,</u>
꾸준히 살아 내는 반복에서 나온다.
- 조르조 모란디(이탈리아 화가) -

밤에 하는 '도독놈 잡기'

동네 친구들은 사시사철 으레 저녁밥만 먹으면 함석집의 큰 마당으로 삼삼오오 모인다. 이는 누가 이야기하지 않아도 대부분 도독놈 잡기와 같은 많은 놀이를 쉽게 할 수 있기 때문이다.

이 도독놈 잡기 놀이는 술래잡기와 비슷하지만 해가 진 이후 컴컴할 때 하는 놀이로 조금은 다른 재미와 스릴이 있다.

먼저 여러 명이 모여 짬뽕(가위, 바위, 보)을 해서 술래를 정하고 그 술래가 도독놈을 모두 잡아야 하는 것이다. 그런데 보통의 술래잡기와는 다르게 이 놀이에서 도독놈은 굴뚝 옆이나 담 모퉁이가 아닌 아주 으슥하거나 무서운 장소에 숨는다.

이렇게 밤에 하는 놀이라서 낮에도 항상 즐기는 술래잡기와는 아주 다른 특성과 쾌감을 준다. 그러니까 공격자가 가끔 헛간이나 별채로 지어진 잿간(변소)과 같은 음침한 곳에 깊숙이 숨기 때문에 찾기가 매우 어렵다. 이곳에 숨어 있는 도독놈은 불빛이 없고 어두운 곳이라 맨눈으로는 발견되기 쉽지 않고 약간 두렵기도 하다.

그래서 술래는 은신처로 생각되는 근처에 다가가서 아주 웃기는 이야기를 크게 하면 성과가 의외로 좋다. 그 이유는 이야기를 들은 도독놈이 자기도 못 참고 낄낄거리며 웃음을 내어 발견되는 것이다. 그래서 유머 감각이 뛰어나고 재미있는 웃음 소재를 많이 가진 술래가 아주 유리하다.

아이가 한때 순경 아저씨와 함께 살 때는 경찰지서에 들어가서 순경 아저씨와 이야기하는 척하면서 그곳에 숨곤 한다. 이는 순경 아저씨가 자기 집에 방을 얻어 세를 살고 있어서 아주 친근한 사이이기에 가능한 것이다.

  일반적으로 경찰지서는 특히 친구들이 무서워서 출입이 불가한 금지 구역으로 생각하기 때문에 이를 이용해서 술래에게 애를 먹이는 것이다. 이렇게 매번 도독놈 잡기 놀이에서 최후의 1인의 도독놈이 되어서 술래의 애를 먹이곤 한다.

  하지만 이를 자랑스러워하다 때때로 이 놀이에서 가끔 제외되는 왕따가 되기도 한다.

인간의 걱정 중에서 실제로 일어나는 것은
4%에 불과할 뿐이다.
- 명언 한 줄 -

3. 꾸러기 교실과 운동장

지독한 생각이 사람을 만든다.

- 명언 한 줄 -

취학통지서와 입학

　매일 아이가 놀러 가는 양철 지붕의 집 큰 마당에서 동네 친구들이 편을 둘로 갈라서 '오징어 가이생' 놀이에 정신이 없다.
　그런데 놀이가 끝나고 나서 한 친구가 자기는 취학통지서가 나와서 새봄이 오면 초등(국민)학교에 간다고 큰소리로 자랑한다. 그러자 몇 친구들은 "나도 그런데."라고 하면서 입을 모아 합창을 한다.
　그러나 옆에서 그 말을 들은 아이는 '그런 것이 있어야만 학교에 가는가?' 하며 의아한 생각으로 혼자서 중얼거린다. 그러면서 그것이 뭔지 잘 몰라서 집으로 들어가자마자 어머니한테 물어본다.
　"엄마! 나도 취학통지서라고 하는 것 나왔어?" 하니까 "아니, 아직 안 나왔는데."라고 하시며 "왜 그러는데?" 하며 큰 관심 없이 말을 흘린다. 이에 아이는 "왜지?" 하며 이상하다 생각하고 저녁이 되어서 집에 들어오신 아버지께 다시 물어본다.
　그러자 아버지도 "구체적인 것은 잘 모른다." 하시며 "왜 그러는데?" 하며 아이의 얼굴을 유심히 바라본다. 그러시다가 어떤 생각이 나셨는지 "너는 호적상 나이가 줄어서 아마도 내년에 학교 가야 할 거야."라고 하신다.
　이 소리를 듣자 별안간 불안한 생각이 밀려온다. '너무나 학교에 가고 싶고, 동네 친구들 모두 다 간다고 하는데 나만 못 가면 어쩌나?' 하는 걱정으로 바뀐다.
　이내 "이번에 애들하고 같이 꼭 학교에 갈 거예요."라고 입을 실룩 울

먹이면서 응석을 부린다. 그러다가 결국 집 안 마당에 주저앉아서 두 다리와 발을 땅에 비비며 큰 소리로 한참을 엉엉 운다.

　이것을 보고 난감해지신 아버지가 슬그머니 집을 나서서 이웃에 사는 친구분의 집으로 가신다. 어떻게 하면 아이를 학교에 보낼 수 있는지를 알아보려고 친구분의 따님이신 '홍 선생님'을 찾아가 상의하기 위한 것이다.

　그러자 홍 선생님은 자초지종을 다 들으시고 "그럼 입학식 때 아이를 그냥 내 반으로 보내라."라고 하신다. 그것은 당연히 편법이지만 그렇게 하면 입학이 될 것이라고 그 방법을 알려 주신다.

　그래서 아이는 결국 '홍 선생님'이 담임을 맡고 있는 1학년 3반으로 입학해서 초등학교를 다니게 된다. 이후에 이런 사실을 모르던 아이는 선생님께 "반장을 언제 뽑느냐?"라고 철없이 조르면서 적극적으로 재촉한다.

　그러자 매일 같은 질문을 받은 선생님은 깊은 생각 없이 불만스러운 말투로 "그럼 네가 반장해라."라고 하신다. 그렇게 해서 1학년 3반의 반장이 되었으나 학급의 학생들은 '빽 반장'이라고 가끔 놀려 댄다.

　그렇지만 이것이 무슨 뜻인지를 잘 모르는 아이는 전혀 개의치 않고 홍 선생님의 말씀에 따라서 반장 노릇에 최선을 다한다. 이후 학업 성적도 좋아지면서 6학년으로 학교를 졸업할 때까지 계속 학급 반장을 무탈하게 이어 가는 영광을 누린다.

　아이는 이런 과정으로 초등(국민)학교에 입학한 것과 반장이 된 것을 나중에나 알게 된다. 그리고 이 모두가 근처에 살던 자그마하지만 예쁜 처녀인 '홍 선생님' 덕분이라고 생각하고 감사한 마음에 빙그레 웃는다.

등에 멘 가죽 책가방

　아이가 엄마의 배속에 있을 때 아버지가 방앗간에서 일을 하다가 피댓줄에 옷이 걸리는 큰 사고가 일어난다. 다행히도 이를 발견한 동료가 급하게 피댓줄을 벗겨 낸 덕분에 큰 부상은 생기지만 구사일생으로 생명을 구한다.
　이 일로 임신부셨던 어머니는 너무 깜짝 놀라서 한동안 두근거리는 가슴을 달래야만 하는 순탄치 않은 풍파를 겪는다. 그래도 얼마 후에 어머니는 다행히 사내아이를 건강하게 순산한다.
　한편 아이의 어머니는 오래전부터 동네에 있던 고풍스러운 성당에 다니는 천주교 신자로서 열심히 기도하면서 믿음을 실천한다. 그러나 아버지는 성당에 가는 것을 거부하고 무신자로서 끝까지 고집을 부리지만 다행히 어머니의 신앙에는 간섭하지 않는다.
　이런 이유로 아이는 모태 신앙으로 천주교를 종교로 갖게 되고 '바오로'라는 세례명을 가졌으며 중학교 시절에는 '견진 성사'라는 의식까지 치른다.
　그런데 이렇게 출생한 아이는 웬일인지 입을 크게 벌리고 음식을 먹을 때는 왼쪽 눈이 별안간 커지는 짝눈이 된다. 그러면 이때마다 열두 살이나 많은 맏형은 '깔 눈'이라고 지적하면서 크게 웃어 대며 놀린다.
　그럴 때마다 아이는 기분이 나쁘고 속상하여 못 들은 척 딴짓하면서 참아 내곤 한다. 왜 그런 일이 생겼는지 확실히 모르나 아이의 가족들은 아버지의 그 큰 사고로 인하여 임산부인 어머니가 충격을 받아서 그런

것 같다고 믿고 있다.

　이렇게 세 누나 밑에서 개구쟁이로 자라나던 아이는 4살이나 아래인 남동생이 태어나고서야 출생을 신고한다. 이러한 그의 출생 신고로 인하여 두 살이나 줄어들었고 결국 나이 문제로 어렵게 초등(국민)학교를 입학한다.

　비록 어렵게 입학하였지만 1학년 입학식 때에는 맏형이 서울에서 보내 준 가죽으로 된 책가방을 은근히 으스대며 자랑한다. 이 가죽 책가방 덮개에는 갈기를 멋지게 휘날리며 힘차게 달리는 말의 형상이 음각으로 새겨져 있다.

　이런 가죽 가방을 멘 급우는 유일하게 70여 명 중에 혼자뿐이라서 더욱 번쩍번쩍 빛이 난다. 아이는 많은 학급의 친구들이 이 책가방을 메고 다니는 것을 아주 부러운 마음으로 바라볼 때마다 한때 형에게 짝눈으로 골림을 당하기는 했어도 큰형이 있어서 너무 좋고 자랑스럽다고 생각한다.

　그리고 단정히 차려입은 옷의 왼쪽 가슴에는 옷핀으로 코 수건을 네모로 길게 접어서 달고 초롱초롱한 눈으로 의젓하게 입학식장에 줄 서 있다. 이렇게 운동장에 나란히 줄을 서 있던 아이는 새롭고 어색함으로 이리저리 두리번거리다가 앞에 서 있는 담임 선생님을 따라 한 교실로 향한다.

　이처럼 진한 밤색으로 된 가죽 책가방은 입학하고 한동안 아이의 소중한 친구로서 항상 희로애락을 곁에서 같이하게 된다.

✦ 환경미화와 급식 분유 ✦

　초등학교 교실 안에는 앞면 정중앙에 태극기 액자가 떡하니 걸려 있고 그 좌우로는 교훈과 급훈이 게시되어 있다.
　교훈으로는 대개 '충성'이나 '근면' 또는 '협동' 등 큰 주제를 사용하고 있다. 그리고 급훈은 교훈을 구체적으로 실천하기 위한 행동 준칙으로 '노력'이나 '봉사' 및 '상호 존중'과 '성적 향상' 등이 그 내용이다.
　한편 교실 뒤편에는 칠판보다는 좀 작은 환경미화용 게시판이 걸려 있고 그곳에는 학급 학생의 선정된 작품이 예쁘게 걸려 있다. 여기에 전시된 작품은 주로 미술 시간에 학생들이 그린 그림 중 잘된 것이나 글짓기 시간에 선생님에게 칭찬받은 작품이다.
　그리고 매월 및 분기에 시행되는 환경미화 심사에서 좋은 평가를 받아 우승이라도 하면 대단한 칭찬과 함께 영광스러운 상장도 받는다. 이를 대비하여 학급마다 최선을 다해서 교실을 청소하고 가능한 한 예쁘게 가꾸기 위해서 최선의 노력을 다한다.
　이때 교실 나무 바닥 청소는 비질과 물걸레질도 하지만 대개는 반들반들하고 물기도 잘 흡수하지 못하게 기름을 칠한다. 따라서 종종 귀한 양초를 학생들에게 가져오도록 해서 문질러 바르기도 하고 때때로는 콩기름을 바르는 수고도 감수한다.
　어느 날은 환경미화 심사를 대비하여 선생님의 지시로 옆 동네에 살고 있는 부반장 여자아이와 4~5명의 급우가 방과 후에 남아서 준비한다. 그래서 한참 동안 준비에 열중인데 담임 선생님이 학급 반장인 아이를 불러낸다. 그리고 고생한다면서 학교 창고의 열쇠를 넘겨주며 거기에 있는 분유를 먹을 만큼 가져오도록 한다.

  그 분유는 물과 섞어 반죽하여 적당한 크기로 만든 후 솥에 넣고 찌면 아주 딱딱한 고체 우유로 변한다. 이 우유는 점심 식사를 준비하지 못하는 학생에게 배분해서 지급하던 보급용 식품이라서 잘 알고 있다. 매우 딱딱하여도 맛이 아주 고소해서 한입 살짝 깨물어 조금씩 입에 넣고 녹여 가며 아깝게 먹곤 하는 음식이다.

  그래서 창고에 가서 문을 열고 들어가 보니 분유가 여러 종이 포대에 담겨 수북하게 쌓여 있는 것이다. 아이는 눈을 번쩍 크게 뜨고 정신없이 바케스(양동이)에 분유를 1/4가량 담고서 흔들흔들 콧노래를 부르며 교실로 가져온다.

  이에 선생님께서는 "열심히 환경미화 작업을 하면서 먹어라." 하시며 학교 인근의 자택으로 퇴근하신다. 교실에 남아 있던 급우들은 "신난다!" 하면서 각자 분유를 작은 그릇에 담고는 얼굴에 하얗게 분칠하면서 정신없이 맛있게 퍼먹는다.

  얼마 후 결국에는 아랫바지의 뒤를 손으로 움켜쥐고 화장실을 쥐 새끼가 방앗간 드나들 듯이 정신없이 왕래하는 신세가 된다.

하얀 쌀밥과 누런 강냉이죽

학교 급우들의 점심 변도(도시락)는 대개 온통 보리밥이고 반찬은 김치를 가져오거나 오이장아찌 혹은 검은콩자반이 대부분이다.

특별히 모내기 때나 추수할 때 또는 초가지붕의 이엉을 새로 이을 때만 색다른 반찬이 나온다. 이때는 생멸치 한 주먹에 고추장을 동반하거나 여러 가지 매콤한 소스로 양념해서 납작하게 말린 뱅어포가 특별히 등장하는 것이다.

그리고 도시락도 준비하지 못한 학생들은 미국의 구호품인 옥수수로 만든 둥근 빵으로 학교에서 직접 찌거나 강냉이죽을 끓여서 배급한다.

아이가 속한 학급이면서 같은 동네 검은 기와지붕의 큰 집에 사는 '최 아무개'가 있다. 그는 할아버지가 예전에 면장을 하였고 또한 부잣집으로 소문도 난 집의 친손자로서 대단히 귀한 대접을 받는 학생이다.

그 친구의 변도는 정말로 대단한데, 항상 하얀 쌀밥에 쇠고기장조림 반찬을 예쁜 도시락에 담아 온다. 그런데 그는 도시락도 준비하지 못할 만큼 가정 형편이 아주 어려운 급우가 학교에서 받는 그 강냉이죽을 항상 탐낸다.

그래서 이 죽이 먹고 싶다며 적당한 대상자를 찾아서 자기가 가져온 하얀 쌀밥의 변도와 강냉이죽을 서로 바꾸어 먹곤 한다. 그래서 그는 집이 너무 가난해서 아주 힘들게 사는 같은 동네 학우인 '장 아무개'와 도시락을 바꾸어서 먹는 일이 다반사다.

그런데 그 '장 아무개'는 변도를 쌀밥과 바꾸어서 받으면 먹지도 못하고 다른 급우들에게 거의 뺏기고 만다. 이유는 도시락을 서로 바꾸고 나면 이내 급우들이 "나도 한 입만." 하면서 '우르르' 달려들어 쌀밥과 장조림 반찬을 한 숟가락씩 퍼먹어 버리기 때문이다.

 그래서 결국 그는 몇 술도 못 뜨고 허탈하게 빈 도시락만 남기게 되고 이것만 멍하니 쳐다보아야 하는 처지가 되는 것이다. 가끔 반장인 아이도 급우들과 한패가 되어서 꿀맛 같은 하얀 쌀밥의 맛을 보고 즐거워하기도 한다.

 한편 쌀밥과 장조림 도시락을 아이도 정말로 먹고 싶었지만 보리밥 변도를 가져오기 때문에 애석하게도 그것을 바꿔 먹을 기회가 전혀 없다. 그래서 간혹 자기도 강냉이죽을 타는 신세이면 더 좋을 것이라며 어리석은 탄식도 한다.

 그 부잣집 급우는 다음 해 6학년이 되기 전인 겨울 방학에 서울의 학교로 전학을 가서 하얀 쌀밥을 먹을 기회도 영영 사라진다.

많은 생각은 답을 주지 않는다.
더 많은 생각을 줄 뿐이다.
- 명언 한 줄 -

괴짜 담임과 무너진 교실

 학교 건물은 검은색 긴 나무판을 옆으로 뉘어서 길게 벽을 겹겹이 덮은 모습을 하고 있고 다른 학교들도 거의 비슷한 모습이다.
 아이가 다니던 학교의 교실들도 같은 모양인데 특히 3학년 때는 교실이 이어져 있는 긴 교사가 아니다. 오직 교실 하나만 달랑 있는 별관의 유독 낡은 교실에서 수업하게 된다.
 그리고 담임 선생님은 학교 옆 큰 저수지가 있는 동네에 사는 농사치가 아주 많은 부잣집의 큰아들이다. 그는 사범학교를 막 졸업하고 고향인 이곳 초등학교에 부임해 근무하고 있는 덩치가 큰 총각이기도 하다.
 여름 방학을 하기 조금 전인 6월 말에는 장마철을 끼고 있어서 날씨가 후덥지근하게 덥고 비도 자주 내린다.
 이러한 초여름의 어느 날은 날씨가 매우 더워지니 선생님은 앞에 앉아 있는 학생들에게 책보를 몇 장 달라고 하더니 그것으로 주먹을 칭칭 감는다. 그러더니 선생님 자리 옆의 벽면을 강하게 주먹으로 여러 번 쳐서 큰 구멍을 낸다.
 그러고는 "이제 시원하구먼!" 하면서 손으로 머리를 쓸어 올린다. 그렇게 으쓱이는 모습으로 교실의 학생들을 바라보면서 흐뭇한 미소를 짓는다.
 그런데 며칠 후 비가 심하게 내리면서 그 구멍으로 빗물이 마구 들이친다. 그러자 선생님은 다시 급우들의 책보를 달라고 해서 둘둘 말아 구멍을 틀어막고 빗물이 들어오지 못하게 한다.
 이에 책보를 빌려준 급우들은 아무런 말도 하지 못하고 망연자실한 얼굴로 서로를 쳐다볼 뿐이다. 담임 선생님은 학생들이 책을 싸매서 집에 가야 하는 그 책보가 젖는 것을 전혀 개의치 않은 것이다.

그러니까 이 책보는 학생들이 등하교 시에 책과 공책을 둘둘 감고 싸서 어깨나 허리춤에 달고 다니는 보자기인 천이다. 따라서 이것이 물에 젖으면 아주 곤란하다는 것을 선생님은 간과한 것이다.

그해 8월 한 달가량의 여름 방학이 끝나고 개학해서 다시 수업이 시작하는 날에 아이는 즐거운 마음으로 학교에 간다. 그런데 놀랍게도 그 수업을 받던 낡은 교실의 지붕과 벽이 무너져 내려 폐허처럼 허물어져 있다.

급우들은 이 당황스러운 상황에 어안이 벙벙하여 교실에도 못 들어가고 밖에서 어쩔 줄 모른 채 주변에 모인다. 그나마 아무도 없던 방학 중에 건물의 붕괴 사고가 일어난 거라 다행이었다.

그래서 아이의 학급인 2반은 하는 수 없이 학생을 반반씩 나누어 1반과 3반에 각각 합쳐 학업을 계속 이어 간다. 이 일로 반장이던 아이는 졸지에 완장을 잃고 3반으로 합류한다.

어느 날 산수 시간에 3반 선생님이 어떤 문제 하나를 칠판에 적고 묻자 아이가 정답을 말하니 이에 선생님은 대단히 칭찬한다.

아이는 겸연쩍은 얼굴로 빨갛게 달아오르나 미소를 머금으며 은근히 가슴을 살짝 편다. 사실 그 문제는 3반과 합반하기 이전에 이미 배운 부분이어서 자연스럽게 알게 된 문제이기 때문이다.

만국기가 걸린 가을 운동회

　파란 하늘이 높아지는 가을이 되면 시골에서는 벼농사의 수확으로 가정이 특히 풍요롭고 넉넉하다.
　이때 학교 운동장에는 예쁘게 줄지어 매달린 여러 나라를 대표하는 수많은 만국기가 하늘을 지나는 바람에 흔들린다. 그렇게 손짓하는 그 형형색색의 깃발들은 주변의 학부모는 물론 이웃에서 장사하는 이들을 학교에 불러 모은다.
　교실들이 한 줄로 칸칸이 줄을 세워 길게 이어져 있고 그 앞의 크고 넓은 운동장의 건너편에는 30년 이상 된 측백나무가 빽빽하게 둘러서서 담장을 이룬다.
　전교생이 참여한 가을 운동회에 저마다 달리기와 멀리뛰기 같은 장기를 보이면서 떠들썩하게 대장정의 시작을 알린다. 그러면 운동장에서는 1학년부터 6학년까지 전교생이 까맣고 풍성한 팬티를 입고 청군과 백군으로 나뉘어 앉아서 "백군 이겨라~ 청군 이겨라." 하며 각각 목에 힘을 주고 목청을 높인다.
　그리고 하얗게 선이 그어진 운동장의 200미터 트랙에서는 학생들이 머리카락을 휘날리며 달리기가 한창이다. 그리고 다른 쪽에서는 멀리뛰기와 높이뛰기 하는 어린 선수들이 있는 힘을 다해 오만상을 찌푸리며 씩씩거린다.
　6학년인 아이는 운동회 진행 요원으로서 다른 친구 한 명과 같이 양팀의 득점을 기록하는 기록원이다. 커다란 기록판을 미끄럼틀의 가장 높은 곳에 모두가 잘 보이도록 세워 놓고 각 팀에서 전해 오는 청군, 백군의 득점 사항을 그때마다 기록한다.

그러면 전교생이 이것을 보고 더욱 힘내서 응원하라는 의도로 이를 게시하는 것이다. 그렇게 하여서 마지막까지 모든 경기가 끝나면 총점을 게시하게 되고 역시 많이 득점한 청군, 백군 중 한 팀이 최종 우승하는 것이다.

이런 학교 운동회가 매년 가을에 성대하게 치러지지만 아이는 그동안 한 번도 100미터 달리기에서 3위 안에 들어 상을 받아 보지 못했다. 그래서 덩치가 작고 특히 달리기를 잘 못하는 아이는 사실 운동회를 별로 좋아하지 않는다.

그런데 다행히도 6학년 때는 그냥 달리기가 아니고 6개의 장애물을 통과해야 하는 '장애물 달리기'를 하게 된다. 그래서 달리기는 잘 못하지만 어려서 개구쟁이로 자라면서 터득한 꾀가 많고 판단력이 좋아서 제일 먼저 그 장애물을 모두 통과한다.

그리고 마지막 결승 구간에 앞만 보고 혼신의 노력을 다해서 열심히 달리지만 아쉽게 3등으로 결승선 테이프를 끊는다. 그래서 달리기에서 생애 처음으로 3등으로 입상하고 그 포상으로 노트 한 권을 받는 감격을 맛본다.

1등을 끝내 유지하지 못한 것이 못내 아쉽지만 그 안타까움은 마음에만 새기면서 그나마 다행이라고 스스로를 위안한다. 그러나 6년 동안 한 번도 받아 보지 못한 달리기 상품을 처음으로 받으니 너무나 기뻐서 대단한 일을 한 듯 뿌듯하다.

한편 운동회가 백군의 승리로 모두 종료하게 되어 아이는 청군으로서 몹시 찜찜한 마음으로 서운하게 생각한다. 그러나 운동회 진행을 담당한 공로로 노트 10권과 연필 1다스를 선생님으로부터 받고 영예롭게 대단원을 마친다.

  매년 10월 만국기가 휘날리는 가을 운동회는 교정에 온통 먹을거리가 넘치고 온 동네 사람들이 모여서 즐기고 들뜨게 하는 최고의 잔칫날이다.

매우 아팠지만 자신의 모습을 되찾는 것은
그럴 만한 가치가 있는 일이다.
- 맥스 루케이도 《너는 특별하단다》 -

학교에서 고운 말 쓰기

초등(국민)학교 5학년 때 아이의 담임 선생님의 별호는 '호랑이 선생님'으로 학교에 소문이 나서 전교 학생들이 모두 무서워한다. 학생들의 활동이나 학업에 대해 매우 엄격하여 급우들이 쌍욕을 하거나 싸우면 아주 심하게 혼내고 꾸짖는다.

그리고 선생님이 학급에서 딱지 크기의 자그만 '선행표'라는 것을 직접 만드셔서 매월 10장씩 학급의 전체 학생에게 나누어 주신다. 그리고 학생이 욕을 할 때마다 제일 먼저 발견하여 지적하는 학생에게 한 장씩 빼앗기는 것이다.

이 '선행표'를 매월 점검해서 제일 많이 모으는 학생에게는 '선행상'을 줘 공개적으로 격려한다. 그러나 반대로 많이 빼앗겨서 모두 없어지거나 10장에 미달하면 그만큼 벌칙을 받아야 한다.

이는 급우들 상호 간의 욕설 등 상스러운 말은 삼가고 고운 말을 쓰면서 사이좋게 지내도록 하는 제도이다. 결국 각자 인성을 바르게 해서 학급의 분위기를 화목하고 친밀하게 유도하는 것이다. 이는 학생들이 정의롭게 성장해서 나중에 나라의 멋진 일꾼이 되도록 하는 것이 목적이다.

그런데 어느 날 큰 대형 사고가 터진다.

학교 운동장에서 놀던 한 급우가 소변이 급한데 화장실에 가는 것이 멀고 귀찮다고 몰래 주변에서 해결한다. 그러니까 운동장을 둘러싼 측백나무 사이에서 다른 학생이 보지 않게 슬쩍 실례를 한 것이다.

그런데 그만 불행히도 이를 다른 학생이 보고 바로 그 호랑이 선생님께 고자질해 버린다.

이후 하루 일과가 끝나고 종례 시간이 되자 선생님은 그 친구를 교단 앞으로 불러 세우고 잘못을 꾸짖는다. 그러면서 벌칙으로 "종아리 30대를 맞을래? 아니면 잠깐 바지를 내릴래?" 하신다.

이에 그 급우는 매우 당황해 어찌할 바를 몰라 하며 순간적으로 망설이면서 눈의 초점을 잃어 간다. 그러다가 매를 맞는 것을 두려워한 그는 얼굴을 붉히면서 이내 "바지를 내리겠습니다."라며 짧게 대답을 흐린다.

그 순간 교실 의자에 앉아서 이를 관심 있게 바라보고 있던 여학생들은 눈을 가리며 "와~~" 하고 비명을 지른다.

그 학생은 이렇게 선생님에게 매 맞을 위기를 넘기지만 급우들에게는 고개를 들고 다닐 수 없는 씻을 수 없는 큰 망신을 당한 것이다.

이 일로 학급의 전 학생들은 작은 준칙이라도 어기면 얼마나 큰 벌을 받는지를 뼈저리게 깨닫는 계기가 된다. 그러면서 이렇게 무서운 선생님을 통하여 점차 서로 지켜야 할 것들에 대해 살피고 따르는 것을 생활화하는 습관을 지니게 된다.

그러면서 이 사건 이후 그 반의 학생들은 호랑이 선생님에 대한 강한 이미지와 기억을 지우지 못하고 있다.

장애 급우와 그의 할머니

아이가 6년 동안 다닌 초등(국민)학교의 통학 거리는 자갈이 가지런히 깔린 신작로를 따라서 대략 5리(2km) 정도이다.

이 통학로는 동네에서 학교에 이르기까지 마을은 없고 길 양편에는 논과 밭이 쭉 이어져 있다. 학교를 소재한 마을의 초입에 다다르면 정겹게 가끔은 우마차가 짐을 가득 싣고 다니기도 한다.

이 마을에 다다르면 좌측으로 비탈길을 따라서 조금 올라가면 자그마한 학교 후문이 있고 그곳이 우리 동네 학생들이 다니는 주 통학로이다.

그런데 바로 초입 길목에는 아이와 같은 반의 급우 한 명이 살고 있다. 그런데 그는 허리가 많이 굽은 장애(곱추)로 인하여 키가 작고 왜소한 덩치를 갖고 있다.

그러나 학급에서는 아무도 그 급우를 건드리거나 비웃고 얕보지 못한다. 이유는 그의 할머니가 아주 무서운 영향력을 가진 호위대장이기 때문이다.

만약 그 급우를 놀리거나 기분을 나쁘게 하여 자기 할머니에게 이야기하면 할머니는 바로 교실까지 쫓아온다. 그리고 놀려 댄 학생에게 끔찍할 만큼 심하게 호통을 치고 때로는 회초리를 들기도 한다.

그리하여 학급에서 일명 '짱'이던 힘센 학생들도 절대로 그 급우의 주변에서 멀리 떨어져 있고, 상대할 일이나 문제가 생겨도 대항하지 않는다.

그는 자신의 불편한 몸을 건사하기도 힘든 왜소한 체격이다. 그러나 자기를 너무나 사랑하는 할머니가 온몸을 다해서 보호하기에 최고의 '짱'

노릇을 하는 것이다.

  학급 반장인 아이도 담임 선생님 권한의 일부를 대행하고 학급을 통솔하나 그의 눈치를 보아야 한다. 한편으로는 주변에서 그를 도와줄 수 있는 일도 적극적으로 찾아내면서 보살피기도 한다.

  몸이 불편한 그 급우는 초등학교를 졸업한 후 중학교에는 진학하지 못하고 장애로 인하여 결국 청춘을 꽃피우지 못한 채 일찍 세상을 떠난다.

  아이는 그 비보를 듣고 덜컹하고 아주 무겁고 아픈 감정이 내려앉는 것을 느낀다. 또한 지난 일이 머릿속에 파노라마처럼 펼쳐지면서 또 다른 그리운 마음을 금할 수 없다. 특히 그가 힘들게 살아가는 동안 그의 상처 난 마음을 헤아려 보지만 모든 것을 이해하지 못한 미안한 마음을 다시 한번 깊게 뉘우치게 한다.

하늘에게 행복을 달라고 하니, 감사를 배우라고 한다.

- 명언 한 줄 -

얼굴 붉힌 공짜 과외수업

아이가 초등(국민)학교 5~6학년 시절에는 집안의 경제적 형편이 아주 나빠져서 가정적으로 가장 힘든 시기를 보내게 된다.

그 무렵 아이의 아버지가 일하시던 방앗간에서 보통 벼를 찧어서 나오는 쌀과 보리와 같은 곡식의 이용 대가는 일정 비율을 정해서 그 쌀이나 보리로 받는다. 그리고 그렇게 모은 것은 대개 한꺼번에 서울의 주 거래처로 보내서 판매하여 목돈을 만진다.

그러면서 그동안 사용한 재룟값이나 운영 경비에 충당하고 그 나머지의 이익금이 방앗간 소유 및 운영자의 소득이 되는 것이다.

그런데 몇 해 전부터 방앗간에서 같이 일하면서 서울로 쌀을 판매하는 심부름을 갔던 인부가 그 쌀 판매 대금을 모두 가지고 바람처럼 사라진다. 이런 생각지도 않은 황당한 일을 당한 아이의 아버지는 전국을 수소문해서 결국 그 사람을 찾아냈다.

그러나 그는 서울의 모 지역 판잣집에서 아주 궁핍하게 지내고 있어서 어떤 처벌도 하지 못한다. 더구나 그 돈을 모두 날리고 갖고 있는 재산도 하나도 없어서 특별한 배상이나 보상도 받아 내지 못하게 된다.

그 결과 결국 방앗간의 지분이 다른 사람에게 넘어가면서 아주 힘든 시기를 맞은 것이다. 그래서 중학교 입학시험을 대비해 방과 후에 학교에 남아서 하는 과외의 월 500원이던 과외비가 없어서 결국 포기한다.

아이는 너무나 아쉽고 서운하나 더 이상 이를 표현하지도 못하고 마음으로만 애태우고 속을 끓인다. 그렇게 수일이 지난 어느 날 이른 아침에 담임 선생님께서 아이의 집을 직접 찾아오신다.

그러곤 어머니에게 "아이는 우리 학급 반장으로서 과외는 해야 합니다."라고 하신다. 그러면서 "오늘부터 과외비를 내지 않아도 되니 무상으로 과외에 바로 참여토록 하세요."라고 말씀하신다.

이에 어머니는 미안한 마음으로 "고맙습니다."라고 하면서 여러 차례 머리를 숙여 선생님께 감사를 표한다. 엄마 옆에 있던 아이는 너무 좋아서 가슴이 벌렁거렸으나 한편으로는 쑥스럽고 죄송함으로 괜히 마음이 찡했다.

한편 그렇게 시작한 과외이지만 야간 과외 중에 교실 안을 까만 그름으로 가득 차게 만드는 철부지가 된다. 덕분에 철없는 개구쟁이의 그 시절을 오랜 시간 동안 기억하면서 그때의 겸연쩍은 모습으로 고개 숙여 미소를 짓는다.

행복은 이루어지는 것이 아니라, 발견하는 것이다.
- 명언 한 줄 -

시커먼 연기 가득한 교실

중학교 입학시험이 점차 가까워지니 교실 안의 긴장감은 배가되고 조금씩 더해 간다. 그런데 일상 수업이 끝난 후 저녁이 되어 열심히 과외 공부를 하는 중에 교실 안이 별안간 시커먼 연기로 가득 채워지는 참사가 생긴다.

보통 학생들은 책받침을 구하기 힘들고 비싸서 적당하게 자른 양철판을 구해서 책받침으로 이용한다. 그렇지 않으면 아예 책받침도 없이 연필심에 침을 묻혀서 공책에 대고 꾹꾹 눌러 필기한다.

그런데 월남전에 참전했던 급우의 형님이 가져온 투명하고 얇은 플라스틱판을 책받침으로 쓰면 그 재질이 딱딱해서 다음 장에도 전혀 영향을 주지 않는다. 특히 글씨가 또렷하고 진하게 써져서 책받침으로는 환상적으로 좋고 한참 인기도 높다.

그런데 이 책받침을 칼로 가늘고 길게 잘라서 끝을 남포(석유등)에 붙이면 연한 파란 불빛과 함께 '사악~ 사악' 소리를 내며 아주 신기하게 잘 탄다.

그러던 어느 날 아이는 별안간 얇게 자른 그 플라스틱에 종이를 돌돌 말아서 태우면 어떨까? 하고 기발한 생각을 한다. 그래서 고민도 없이 불을 붙인다.

더욱 아름다울 것이라는 생각과는 달리 불꽃은 보이지 않고 시커먼 연기만 종이 끝에서 계속 꾸역꾸역 피어오르는 것이다. 이런 갑작스러운 상황으로 아이는 당황하여 손에 그대로 그 플라스틱을 잡은 상태로 어찌

할 바를 모르고 허둥댄다.

　교실 바닥은 기름칠한 반들반들한 나무판으로 되어 있어서 불이 옮겨 붙을까 봐 바로 내려놓고 밟아 끄지도 못하는 것이다. 그러자 다른 급우들도 모두 놀라서 이런 급박한 상황을 바라보며 소리 없이 입만 크게 벌리고 있다.

　이때 칠판에서 무엇인가를 열심히 적던 선생님께서 이를 보고서 재빠르게 다가온다. 그러더니 불이 붙어 연기를 내고 있던 그 스틱을 아이에게서 낚아채 재빠르게 뒤쪽에 있는 청소함의 양동이에 넣고 불을 끄신다.

　그리고 매캐한 검은 연기로 가득한 교실 창문을 모두 열고 환기하도록 해 교실을 차분히 안정시킨다. 그러나 아이는 모범을 보여야 할 반장으로서 얼굴도 들지 못하고 선생님의 꾸지람만 걱정하며 어찌할 바를 모른 채 떨고 있다.

　그런데 선생님께서는 아이를 책망하지도 않고 더 이상 아무 말씀도 하지 않으시면서 계속 담담하게 과외 수업을 이어 가신다.

　이로써 아이는 미안한 마음으로 잘못에 대한 용서라는 깊은 의미를 긴 밤 동안 어렴풋이 배운다. 그러면서도 부끄러움으로 벌겋게 붉어진 그 얼굴은 아직도 쉽게 사라지지 않는다.

과외 시간의 군고구마

　학교의 야간 과외 시간에는 책상마다 '남폿불'을 하나씩 켜서 그 밝기로 책과 공책 그리고 교실은 물론 칠판을 밝힌다. 이것은 등유를 기름통에 넣고 그곳과 이어진 심지를 태워서 불을 밝히는 등잔불 중의 하나다.
　이 남폿불에는 '호야'라는 호리병 모양의 유리병 같은 것이 있어서 주변에서 불어오는 바람을 막는다.
　남포 등잔의 바로 위쪽에는 심지에서 피어오르는 불꽃과 함께 나오는 그을음을 막아 주는 둥그런 모양의 양철판이 있다. 이곳은 당연히 매우 뜨거운데 이곳을 이용해서 고구마를 익혀 먹으면 좋겠다는 기발한 생각을 해낸다.
　먼저 보통 종이를 붙이는 접착제인 풀을 담았던 납작하고 작은 깡통을 이용해야 한다. 그러니까 풀 통의 내용물을 모두 퍼내서 버리고 그 안을 잘 세척하여 빈 통만 쓰는 것이다.
　그런 다음 깡통 안에 얇게 썬 고구마를 적당히 넣고 뚜껑을 닫은 후 남폿불의 그을음 방지판 위에 올려놓는다. 그렇게 적당한 시간이 지나면 고구마는 노랗게 변하며 맛있게 익어 간다. 이렇게 은은하게 익는 고소한 고구마 냄새는 살살 올라와서 코에 닿고 이내 침을 고이게 하여 목구멍으로 '꼴깍' 넘기게 한다.
　그때가 되면 얼른 책상 아래에 붙어 있는 서랍으로 그 고구마 통을 후다닥 옮긴 후 선생님과 아이들의 눈치를 살핀다. 그리고 이를 아무도 눈치채지 못하고 다른 이상이 없으면 살짝 뚜껑을 열어 뜨거운 고구마 한쪽을 꺼내서 선생님 몰래 입에 넣는다.

  이렇게 선생님에게 들키지 않아야 하고 더욱이 옆자리 친구에게도 빼앗기지 않게 이리저리 눈치를 보아야 하는 수고는 필수적으로 감내해야 한다. 아이는 대체로 성공적으로 이런 대사를 완수하고 또 그런 날을 기대하면서 학교에서 하는 과외 공부를 즐겁게 이어 나간다.

  그런데 사실은 선생님께서도 교실에 퍼지는 냄새로 인해 이러한 모든 사실을 잘 알고 계신다. 그러나 학생들이 공부하면서 싫증을 느끼지 않도록 너그럽게 모르는 척하며 눈감아 주신 것이다.

> 괴로움은 자기가 누군지, 어디로 가는지,
> 무엇을 원하는지 모르기 때문에 온다.
>   - 희망 편지 중 -

한밤 교실에서 생긴 일

초등(국민)학교를 마치고 인근 중학교에 가려면 인접한 서너 개의 초등학교에서 모인 학생들이 경쟁하는 어려운 입학시험에 합격해야 한다. 시골이라서 중학교에 진학하는 학생은 적지만 상대적으로 중학교도 많지 않아서 합격하기가 매우 힘든 것이다.

그래서 초등학교 6학년 때는 방과 후 학교에 남아서 과외 공부를 한다. 아마도 남학생은 20여 명이고 여학생도 10여 명쯤이 되며 이는 각자의 희망과 가정의 형편에 따라서 과외 여부가 결정된다.

그러다가 2학기부터는 학교 교실에서 잠도 자면서 공부하기 때문에 저녁 식사는 각자 집에서 부모님이 가져다준다. 그리고 이부자리도 집에서 가지고 와서 교실 한쪽에 보관하고 주간 수업이 끝난 이후 밤에만 사용한다.

보통 밤 8시가 좀 넘어 야간 과외 공부가 끝난 후에 담임 선생님은 인근의 사택으로 가시고 학급 반장에게 커다란 랜턴(후레쉬)을 넘겨준다. 그러면서 학급의 학생들이 편히 잘 수 있게 잘 관리하다가 혹시 무슨 일이라도 생기면 바로 연락하라고 한다.

여학생들의 수는 적지만 자기들의 공간인 교실의 뒤편에 마치 성곽처럼 책상과 의자를 쌓아 올리고 그 안에 잠을 자는 공간을 만들어 잠자리를 편다.

그러던 어느 날 밤에 반장인 아이가 잠을 자다가 잠결에 무슨 이상한 소리가 들려서 슬그머니 눈을 뜬다. 그리고 일어나서 소리가 난 곳에 랜

턴을 비춰 교실을 무심히 둘러본다. 그런데 한 남학생이 여학생들이 자는 성곽 안으로 슬금슬금 기어가다가 발각되어서 여학생들이 소리를 지른 것이다.

그래서 곧 다른 남학생과 함께 그 남학생을 붙잡아서 남자 급우들이 잠자리로 하던 앞쪽 교단으로 끌고 와 이유를 묻는다. 그는 이런저런 이유를 횡설수설하면서 엉킨 실타래를 제대로 풀지 못하듯 허둥댄다.

다음 날 담임 선생님께 이런 사실을 말씀드렸으나 큰일 아닌 것으로 보시고 그 남학생을 별다른 조치 없이 용서한다. 그렇지만 그에게 엄중하게 경고하고 다시는 그러지 않을 것을 약속하면서 이 황당하고 이상한 사건은 마무리된다.

아이도 이 일은 이성에 눈을 뜨기 시작한 남자 급우가 이성에 대한 호기심으로 인하여 생긴 엉뚱한 일이라고 생각하면서 조금씩 성장하고 있다.

<u>신이 모든 사람을 돌봐 줄 수 없어서
'엄마'라는 분을 만들었다.</u>
- 유대인 속담 -

학교의 여자 화장실 사건

　교실에서 밤늦게 하는 야간 과외 공부는 여러 가지 어려움이 있는데 여학생들이 화장실에 가면서 무서워하는 것도 그중 하나이다.
　이는 컴컴한 한밤에 전등도 없어 화장실 주변이 어둡고, 더구나 여러 개의 교실이 이어진 교사에서 가장 끝 한적한 곳에 있기 때문이다.
　그래서 쉬는 시간에 원하는 여학생들 여러 명이 모여서 서로 의지하면서 단체로 가야만 한다. 이에 선생님은 남학생 중 한 명에게 여학생들을 화장실 입구까지 인도하고 보호하는 일명 '보디가드'의 역할을 지정해 준다.
　그 남학생은 동네에 있는 경찰지서의 지서장 아들로 작은 도시에서 전학을 온 학생이다.
　그런데 어느 날 과외 공부 중 쉬는 시간에 화장실에 갔던 여학생들이 별안간 "우~와!!" 소리를 지르면서 급하게 우르르 교실로 달려온다. 그리고 서로 쑥덕거리면서 교실을 시끄럽게 한다.
　이는 보호자로 인솔한 그 남학생이 그만 여자 화장실의 작은 창문으로 그 안을 빼꼼히 들여다보다가 들킨 것이다.
　그래서 그 남학생은 담임 선생님께 죽도록 혼나고 여자 화장실에 인도하는 보호자라는 자리도 강제로 내놓는다. 그리고 다른 급우들도 수군거리며 그를 멸시하는 눈으로 바라본다.
　따라서 한동안 교실의 분위기는 냉랭하게 되고 그 남학생은 고개를 떨구며 지내다가 결국 과외 공부에도 나오지 않았다.
　시골에서 자란 아무것도 모르는 개구쟁이와는 다르게 도시에서 살면서 학교에 다니다가 전학을 온 그 남학생은 확실히 조숙한 것 같다.

뽑으려니 모두 잡초였지만,
품으려고 하니 모두 꽃이었다.

- 나태주 《풀꽃》 -

짜릿한 '사과 서리'와 용서

아이가 사는 동네는 집이 많은 비교적 큰 마을이어서 경찰지서를 소재하고 있지만 면사무소는 다른 이유로 좀 떨어진 이웃 동네에 있다.

이렇게 큰 동네임에도 불구하고 사과나무와 배나무로 이루어진 과수원은 초등(국민)학교와 마을 사이에 하나뿐이지만 그 규모는 매우 크다.

어느 날 초등학교 하굣길에 같은 반 친구가 과수원의 철조망이 허술한 개구멍을 하나 알고 있다면서 은근히 말을 꺼낸다. 그러면서 거기로 들어가면 주인에게 들키지 않고 쉽게 사과를 딸 수 있다고 일행을 꼬신다.

그래서 결국 그 말을 믿은 아이를 포함한 학생 4명은 살금살금 기어서 벌어진 그 철조망 밑구멍을 통해서 과수원에 들어간다.

그러자 그곳에는 큼지막하고 새빨간 사과들이 나무에 주렁주렁 달려 있는데 정말 맛있게 보이고 달콤한 사과 냄새도 풍긴다. 그래서 주변을 다급하게 둘러보면서 허겁지겁 몇 개를 따 책보에 담는다.

그런데 난데없이 저 멀리서 개 한 마리가 '멍멍' 짖어 대는 소리가 우렁차게 들린다. 이에 '아이구나!!' 하고 깜짝 놀란 아이와 학생들은 책보를 단단히 챙기면서 후다닥 도망쳐서 재빠르게 울타리 밖으로 나온다.

그리고 바로 이어지는 작은 길을 이용하여 과수원을 돌아서 가면 혹시 주인에게 붙잡힐지 모른다고 생각한다. 그래서 동네로 이르는 지름길을 피해서 빙 돌아야 하는 원래 하굣길로 방향을 잡는다. 다시 큰 신작로를 통해서 아무 일도 없는 듯 집으로 향한 것이다.

그런데 마을 입구에 이르자 어떤 어른이 자전거를 타고 우리 쪽을 향해서 온다. 아이는 역시 아무 일이 없는 듯이 일부러 서로 수다를 떨면서 무심하게 지나친다.

그 순간 "야! 너희들 꼼짝 말고 거기에 서!" 하면서 그 어른은 재빨리 자전거를 세우고 내려선다. 그러자 아이와 학생들은 지은 죄가 있어서 도망가지도 못하고 그 자리에 서서 얼음이 되어 버린다.

그 어른은 이내 다가와서 책보를 뒤져 사과를 모두 꺼내 놓고 "이놈들 누가 사과를 몰래 따라고 했어?" 하고 호통을 친다.

아이는 놀라고 당황해서 무릎 꿇고 두 손을 싹싹 빌면서 "한 번만 용서해 주세요."라고 연신 머리를 숙인다. 학급 반장인 아이는 주인아저씨가 이 사실을 학교에 연락해서 담임 선생님이 아시게 되면 어떻게 하나 걱정하면서 정신이 완전히 나간다.

그렇게 얼마인가 긴 시간이 지나서 과수원 주인아저씨가 "앞으로는 절대로 서리를 하지 말아라."라고 말한다. 그러면서 "이 사과는 그대로 책보에 넣고 집에 가서 꼭 식구들과 나누어 먹어야 한다."라고 하면서 용서한다. 그리고 바로 돌아서서 자전거에 올라타고 되돌아간다.

아이는 십년감수했다고 중얼거리면서 놀란 가슴을 달래고 안도의 한숨을 내뱉는다.

집에 도착하여 아버지에게 이러한 사실을 모두 이야기하여 용서받고 세상에서 가장 맛있는 빨간 사과를 가족 다 같이 맛본다. 아삭거리면서 새콤달콤한 과즙이 입안에 가득히 차는 그 싱그러운 맛!!!

그러면서 과수원 주인아저씨가 정말로 멋지다고 생각하고 다음부터는 절대로 서리를 하지 않겠다고 다짐한다. 그리고 그 마음속의 약속을 끝내 지킨다.

벼메뚜기와 어머니 꾸지람

아이가 매일 통학하는 국민(초등)학교에서 집으로 오는 길은 가로수인 아카시아나무와 포플러나무가 양편에 섞여 나란하게 줄지어 있는 신작로를 따라서 약 5리 정도 된다.

그런데 동네 친구들 몇 명과 아이는 이러한 신작로 길을 이용하지 않고 자주 바꿔서 집으로 향한다. 그러니까 차량이 다니는 널찍한 흙과 자갈길인 신작로를 따라 집으로 하교하지 않는다. 그 대신 정리되지 않아서 구불구불하고 좁다란 논둑길을 하굣길로 정한다.

그곳 논에는 벼메뚜기가 누런색을 온몸에 칠하고 고개를 숙인 벼 이삭에 떡하니 붙어 숨바꼭질하며 이리저리 튀어 다닌다. 이렇게 뛰놀고 있는 수없이 많은 벼메뚜기는 통통하게 살찐 배를 내보이며 신이 잔뜩 나서 정신이 없다.

그러면 아이와 개구쟁이 친구들은 누구나 할 것 없이 바로 그들을 잡기 위해서 전쟁이라도 하듯 그들을 쫓아서 이리저리 뛰어다닌다. 이렇게 해서 잡은 메뚜기는 주변의 논둑에서 뽑은 튼튼한 강아지풀의 긴 줄기에다가 메뚜기의 목덜미를 밑에서 위쪽으로 줄줄이 꿰어 맨다.

이렇게 맨손을 재빠르게 휘둘러서 잡은 벼메뚜기를 풀 줄기에 줄줄이 꿰어서 꾸러미로 만들고는 신나게 집으로 향한다.

집에 오면 어머니를 졸라서 가마솥을 달구고 이 벼메뚜기를 살살 저으면서 노릇하고 시커멓게 볶는다. 그런 후에 식힌 벼메뚜기를 한 움큼 손에 쥐고는 타다가 일부 남은 메뚜기의 날개를 손으로 떼어 낸다. 그리고 한 마리씩 입에 넣고 맛나게 먹는다.

약간 비릿한 단백질 냄새가 나지만 입안에서는 구수한 특유의 맛을 보이면서 입맛을 돋운다. 특히 날개 밑의 통통하던 배 부분이 제일 맛있어서 가장 선호한다. 이것은 어린애들의 먹을거리가 많지 않던 때에 나름대로 좋은 음식이 되어서 튼튼한 몸을 만들어 준다.

어느 날은 하굣길에 아이와 동네 친구들이 그 논둑으로 하교하면서 벼메뚜기를 잡아먹기로 하고 바쁘게 발걸음을 옮긴다. 각자가 잡은 메뚜기를 여러 줄의 꾸러미로 꿴 후 근처 적당한 논둑을 찾아서 즉석에서 메뚜기를 볶아 먹기로 정한 날이다.

그래서 가지고 있는 누런색의 양은(알루미늄) 변도(도시락)에 남아 있던 밥풀을 논물에 씻어서 닦아 낸다. 그리고 먼저 논두렁 주변에서 모아 온 지푸라기를 불쏘시개로 하고 어머니 몰래 가져온 성냥으로 불을 지핀다.

그런 다음 잡은 메뚜기를 그 속에 넣고 임시 거치대를 만든 후 도시락을 올려 뚜껑을 덮고 불을 더 세게 하면 된다. 이렇게 냉정하고 무심한 아이는 살아서 푸닥거리는 메뚜기의 몸부림치는 소리도 아랑곳하지도 않고 이런저런 이야기를 나누며 코를 벌렁거린다.

그러다가 얼추 익은 듯하면 뚜껑을 열고 노릇하게 구워진 메뚜기를 두 손으로 들고는 뜨겁지 않게 식혀 가면서 낄낄거리고 정신없이 먹는다. 서로가 누가 더 많이 먹는지를 눈치도 보면서 그렇게 한바탕 수다를 떨고 떠들썩하게 시간을 보낸다.

그런 후 집으로 돌아와서는 텅 빈 변도(도시락)를 새로 닦기 위해 무심코 어머니에게 내놓다가 '아차!' 호된 불똥이 튄다.

어머니는 큰 소리로 "변도에 이 시커먼 그을음은 뭐야? 이건 지우기도 힘든데!" 하시며 목소리를 높이신다.

　메뚜기를 볶을 때 변도에 생긴 그을음이 밑바닥부터 뚜껑까지 새까맣게 먹칠된 것을 순간적으로 잊고 엄마에게 변도를 건네서 생기는 꾸지람이다. 이런 때는 '아이구나~' 속으로 생각하면서 아무런 대꾸도 하지 않고 사방의 눈치를 살피면서 슬그머니 대문을 나서 냅다 밖으로 내달려 뛴다.

　이는 집 밖으로 도망가면서 어머니를 순간 피하는 것이 최고의 상책임을 잘 알고 있기 때문이다.

일이 즐거우면 인생은 낙원이고,

의무라고 생각하면 지옥이다.

- 막심 고리키(러시아) -

이상한 물놀이 훔쳐보기

 여름 방학이 끝나고 한동안 무더운 날씨가 계속 이어진다.
 보통 때 학교가 끝나고 집으로 가는 길은 신작로를 이용해서 가면 가장 거리가 짧고 편하다. 그러나 저수지가 있는 마을로 돌아서 가는 마찻길은 이를 따라서 동네로 가면 조금은 거리가 멀어도 또 다른 재미가 있는 길이다.
 그곳으로 돌아가는 가장 큰 이유는 저수지에 물이 일정량 이상 모이면 자연스레 둑을 넘치도록 만든 배수지가 있어서이다. 여기에는 시멘트로 물길을 잘 정돈해서 깨끗하고 바닥이 매끈하여 즐겁게 물장구치기가 아주 좋다.
 어느 날 무더위를 식히기 위해 아이는 동네 친구들과 어울려서 이 저수지의 물가에 들렀다 가기로 하고 그 둑에 이른다. 그때 마침 '잔다리'라는 산골에서 학교에 다니는 반 친구와 여학생 몇 명이 즐겁게 물놀이에 빠져서 서로 물을 튕기며 정신이 없다. 그런데 옷이 물에 젖으면 곤란해서인지 상의를 모두 벗어서 놓고 팬티만 입고 즐겁게 깔깔거리면서 서로 물놀이에 빠져 흠뻑 삼매경이다.
 아이와 같은 남학생의 모습은 맨몸이라도 덜 이상한데 여학생들은 대충 가리긴 했어도 보기에 아주 이상하고 민망한 모습 그대로다. 아이와 동네 친구들은 살짝 숨어서 이를 지켜보다가 별안간 얼굴을 들고 보이면서 "얼나리~ 깔나리~" 하고 그들을 큰 소리로 마구 놀려 댄다.
 그러자 그 급우와 여학생들은 아무도 보는 사람이 없는 줄 알았다가

이에 깜짝 놀라고 당황해서 순간 얼음이 되었다가 민망한지 몸을 감싸고 있다. 그러다가 주변에 있던 책가방과 옷을 얼른 주섬주섬 챙기더니 눈길도 안 주고 자기네 동네 쪽으로 발길을 재촉해서 빠르게 달아난다.

이것을 본 아이는 남자와 여자가 그렇게 가까운 친구처럼 서슴없이 어울리는 것을 처음 보고 마음속으로 '아주 이상하다.'라는 생각으로 머리를 갸웃거린다.

그날 이후 같은 학급인 그 남자 급우는 가능하면 만나는 것을 피하려고 눈을 외면한다. 그러면서도 가끔 곱돌을 여러 개를 가져와서 뇌물처럼 주기도 한다. 이 곱돌은 오징어 게임(가이생)과 같은 놀이를 하기 위해서 땅에 금(선)을 그을 때 쓰는 아주 부드러운 하얀색의 고운 돌이다.

한때는 아이도 곱돌을 구하려고 그 친구의 집이 있는 깊은 산골 마을에도 갔다가 마침 시루떡을 한 조각 얻어먹고 온 적도 있다. 이후 착하고 순진한 그 친구는 초등학교를 졸업하고는 한 번도 보지 못하지만 언제나 옛정을 뚜렷이 전해 주고 있는 멋쟁이로 남아 있다.

만남은 인연이지만, 관계는 노력이다.
- 명언 한 줄 -

엉덩이 들썩이는 우마차

　초등(국민)학교에 가는 길은 하루에 네 번 읍내로 가는 버스 길인 신작로를 역방향으로 거슬러서 가면 된다.
　이 신작로는 주기적으로 이장님의 예고된 동원령에 따라 동네 사람들이 아침 일찍부터 '부역'이라는 이름으로 보수해야 한다. 그래서 이날이 되면 이른 새벽에 삽과 괭이를 들고 가서 길에 널려 있는 작은 자갈과 흙을 잘 펴고 군데군데 파인 구덩이도 메우며 평평하게 다진다.
　그런데 이 부역은 가정마다 어른을 대상으로 해서 나오도록 동원을 하지만 부득이하게 나오지 못하는 경우는 어린이도 어른을 대신해서 머리 숫자를 채운다.
　학교까지는 약 5리의 거리이지만 때때로 걷기가 힘들고 어깨를 가로질러 멘 책 보따리가 무겁게 느껴질 때가 있다.
　이런 때 우연히 농사에 쓰는 우마차를 길에서 만나면 졸졸 따라가면서 올라타고 싶어서 마차를 붙잡고 안달한다. 그러면 마차를 끌던 아저씨가 마지못해 마차에 올라타라고 어려운 손짓을 한다.
　그러면 "야~~ 이때다!" 하고 후다닥 올라타고는 덜커덩 흔들리는 마차에 리듬을 맞추어 몸을 흔든다. 너무 기분이 좋아서 천하를 얻은 만큼의 행복함으로 입에서 유행하는 어른들의 노래를 흥얼거리기도 한다.
　솜처럼 하얀 구름이 뭉게뭉게 푸른 하늘 사이로 보이고 양편으로 펼쳐진 논들과도 많은 이야기를 속삭이면서 진심으로 풍년이 되기를 기원한다.
　이렇게 동네 어귀에 이르면 후다닥 마차에서 내려서 소를 끌던 아저씨에게 허리를 깊숙이 숙여 고맙다고 인사를 전한다. 그리고 뒤도 돌아보지 않고 후다닥 각자의 집으로 내달린다.

이러한 우마차는 작은 앞바퀴와 큰 뒷바퀴를 양편에 각 1개씩 네 개의 둥근 나무 바퀴로 만들어진 것이 보통이다.

그러나 가끔 개량형인 큰 고무 타이어로 된 바퀴가 마차의 좌우에 하나씩 있어서 아주 잘 구르는 것도 있다. 그런데 이 마차는 훨씬 부드럽게 굴러가고 덜컹거림이 적어서 위에 올라타고 신세를 지는 친구들의 궁둥이도 덜 아프게 한다.

이렇게 신작로에서 마차를 힘들게 끌던 덩치가 큰 누렁소의 큰 두 눈은 아이와 친구들의 미안해하는 마음을 힐끔 쳐다본다. 그러면서 고맙게도 이미 다 알고 있으니 민망해하지 말라면서 크게 끔벅인다.

무엇보다 자신의 마음을 먼저 다스려라.
- 명언 한 줄 -

선생님 위한 졸업 선물

초등(국민)학교 6학년도 끝나 가는 시기에 이르자 교실에서는 국민교육헌장을 읽는 소리가 합창으로 우렁차게 들린다.

"우리는 민족중흥의 역사적 사명을 띠고 이 땅에 태어났다. (생략)" 반장 아이가 먼저 선창하면 급우들이 모두 후창한다.

특히 졸업식에서 상을 받는 학생은 반드시 외워야 한다고 이미 선생님께서 엄포를 놓아서 긴장하고 있다. 다행히 아이는 선생님의 지도로 학급에서 선창을 계속하다 보니 자연스럽게 '국민교육헌장'을 암기하게 된다.

그 덕분에 졸업식장에서 '도교육위원회 회장'의 상장과 부상으로 두꺼운 국어 콘사이스 사전을 상품으로 받고 자랑스러워한다. 그러면서 부모님에게 효도한다는 기쁨으로 미소 지으며 작은 책장의 가장 앞에 떡하니 꼽아 놓는다.

한편 졸업을 앞두고 반에서는 담임 선생님께 졸업 선물을 하기로 아이와 학생들이 다수결을 통하여 학급 회의에서 결정한다.

그 선물로는 급우들이 모두 십시일반으로 곡식이나 돈을 내서 새 양복을 해 드리기로 한 것이다. 그런데 농촌이라서 현금이 별로 없어 그 자금을 모으기가 정말 힘들다.

각 마을 단위로 쌀이나 보리쌀과 콩 등의 곡식을 모으면 그것을 한곳으로 운반해서 다시 모아야 하는데 이것이 무척이나 힘들다. 이에 별다른 운반 수단도 없어 학생들이 조그마한 덩치의 등이나 어깨에 이를 지고서 옮겨야 한다.

이 결정은 쉽게 했으나 그것을 실제로 실행하기에는 어려움이 정말 컸다. 아이는 선생님께 새 양복을 선물로 해 드렸는지 아니면 중단하고 현물로 드렸는지 기억이 희미하다.

그러나 곡물을 담은 부대가 너무나 무거웠던 것을 또렷이 기억하면서 고마운 담임 선생님을 선명하게 떠올리곤 한다.

평소 시골의 학생들은 얼굴이 검게 그을리고 부스스한 마른버짐으로 허연 얼룩도 거칠게 퍼져 있다. 그렇지만 어렵게 다닌 학교의 은사에 대한 보은의 마음은 참으로 맑고 순수해서 그들의 마음속에 가득히 흐른다.

<u>입술의 30초가 가슴에서 30년이 된다.</u>
- 명언 한 줄 -

잃어버린 새 검정 고무신

 초등(국민)학교 교실에 들어가려면 보통 복도의 입구에 있는 신발장에 특별한 표식도 없이 자기의 신을 벗어 놓고 맨발로 들어가야 한다.
 그런데 문제는 새 고무신이라도 신고서 학교에 가면 종종 공부 시간이 지나는 사이에 그 신발이 없어지곤 하는 것이다. 그래서 없어진 신발을 찾느라고 이리저리 눈에 불을 밝히고 다니는 학생도 있고 엉엉 울면서 난리를 피우는 학생도 있다.
 아이도 고무신 밑바닥이 다이아몬드 모양으로 골이 새겨져서 멋진 새 검정 고무신을 신고 즐겁게 학교에 간 첫날이다. 그런데 하루도 지나지 않아서 그 새 검정 고무신은 어디론가 사라지고 말았다.
 그러니까 공부가 끝나고 집에 가려고 신발장에 둔 고무신을 찾아 보니 어느새 없어지고 거의 다 해져서 누더기가 된 아주 헌 고무신 한 켤레만이 덩그러니 남아 있다.
 누군가가 남몰래 헌 고무신을 두고 검은빛이 선명한 아이의 새 고무신을 신고서 집으로 가 버린 것이다.
 아이는 너무나 황당하고 속상해서 울음이 목구멍까지 올라오려 했지만 학급의 반장이라는 체면으로 간신히 참아 내고 고개를 푹 숙인 채 터덜터덜 집으로 간다. 그리고 어쩔 수 없이 어머니에게 울상인 얼굴로 자초지종을 두서없이 설명하면서 혼이 날까 연신 눈치를 살핀다.
 이에 엄마는 아까워하는 눈치를 보이면서도 "나쁜 학생이 가져간 모양인데." 하시면서 긴 말씀은 안 하고 이내 다시 새 고무신을 사 주신다. 그리고 절대 지워지지 않게 크고 하얀 '별' 표시를 고무신 코앞에 해 주면서 다시는 잃어버리지 말라고 하신다.

　이렇게 새 고무신의 주인이 머리를 써서 특별히 잘 지켜야만 한동안 잃어버리지 않을 수 있는 것이다. 동네 어른들의 말에 의하면 집 안에서 신발을 잃어버리는 것이 한 해의 일 중 가장 재수 없는 일이라고들 한다.

　이것은 도시의 가정집에도 도둑이 들어와서 현관에 놓은 새 구두를 훔쳐 가는 일이 아주 흔해서 나온 말이라고 한다.

인연은 선연과 악연이 서로 다르지 않으니,
나를 돌아보는 것이 먼저이다.
- 명언 한 줄 -

무거운 압축식 공기총

 초등(국민)학교 6년을 마치고 인근의 중학교에 합격하여 입학한 후 얼마 지나지 않아서 아이는 모교를 방문한다. 아직도 정이 많이 남아 있는 은사님을 뵙고 다시 한번 감사의 인사와 안부를 전하는 것이 예의라고 생각해서이다.
 그리하여 날을 잡아 몇 명의 친구를 불러 모아서 조금은 어색하지만 즐겁게 초등학교 교무실을 찾아간다.
 그런데 담임이었던 우리 선생님은 안 계시고 3반 담임이셨던 젊은 총각 선생님만 아이와 친구들을 반갑게 맞아 주신다. 그 선생님도 인근 동네의 부잣집 아드님으로 사범학교를 졸업하고 우리 초등학교에 처음으로 부임하신 분이다.
 그런데 마침 아주 귀하고 비싼 공기총을 구매해서 그 성능을 실험하고자 연습 사격을 하려는 참이라고 하신다. 처음 나온 공기총은 펌프식으로 총을 거꾸로 땅에 대고 위아래로 펌프질해서 총에 공기를 압축하는 방식이다.
 그리고 둥그런 선을 5겹으로 그린 큰 공책 크기의 송판으로 과녁을 만들어서 준비하고 있었다. 교무실 앞의 화단에 있는 나뭇가지 사이에 그 과녁을 올려놓고 약 10미터 거리에서 겨냥해 사격 연습을 하고자 하는 것이다.
 먼저 선생님이 탄환 중 산탄이 아닌 외발의 실탄 몇 발을 연이어서 신중하게 쏜다. 그런데 가운데 중심을 맞춘 명중은 오직 하나뿐이고 나머지는 2점 내지는 3점의 과녁 표시에 납탄이 박힌다.

그러면서 아이와 친구에게도 한번 쏘아 보라고 용기를 주시며 친절하게 권하신다. 이에 어색해하던 같이 간 친구들은 쉽게 응하지 못하고 머뭇거리고 있는데 별안간 아이가 나서며 한번 해 보겠다고 한다.

그러자 선생님은 총을 겨누는 자세를 포함해서 총을 안전하게 다루는 법을 우선 알려 준다. 그리고 이어서 숨을 잠깐 멈추고 조심스럽게 조준하다가 격발하면 된다고 하시면서 격발 요령도 알려 주신다.

아이는 그 선생님이 가르쳐 준 것처럼 서서 사격의 자세를 잡고 조준한 후 정신없이 방아쇠를 당긴다. 그런데 이게 웬일인지? 첫발이 과녁의 중앙인 10점을 맞춘다.

그러자 선생님은 이를 확인하고 "너, 총을 참 잘 쏘는구나." 하고 파안대소하며 칭찬과 용기를 주신다. 이후 이 용기와 자신감을 얻어서 4발을 더 쏘는데 신기하게도 모두 명중시킨다. 그러자 주변에서 이를 지켜보던 친구들의 박수와 환호가 터져 나온다.

이렇게 진짜 총을 처음 대하면서 겁을 내지 않고 자연스럽게 다룰 수 있는 깊은 인연을 만드는 계기가 된다.

이후 군대 시절과 직장에서 아이는 특등 사수로 발전해 상장도 몇 차례 받고 결국 사격이라는 것을 취미로 삼아서 아주 흥미롭게 즐기게 된다.

개구쟁이 자전거 통학

아이가 중학교 입학 후 몇 달이 지나서야 아버지는 중고 자전거를 3,000원의 가격으로 구매해 준다. 빛이 번쩍이는 새 자전거는 쌀 한 가마니 값가량 했는데 집안 사정상 녹이 좀 슨 중고를 산 것이다.

평일 아침이면 늘 동네 어귀에 대략 6~7명의 한 그룹이 함께 모여서 자전거를 타고 약 6킬로미터가 되는 학교에 다닌다. 이렇게 자동차가 다니는 넓은 신작로를 이용해서 다니면 비록 자갈이 있는 비포장의 길이지만 자전거도 편하게 다닐 수 있다.

그러나 그 통학길 중간에는 찻길인 신작로에서 벗어나 논과 농수로로 이루어진 좁다란 논길이 있는데 이 길로 통학하면 빠른 지름길이 된다. 그런데 잘못하면 옆에 이어지는 농수로로 빠질 위험이 있다. 그 대신 자갈이 없어서 부드럽게 달릴 수 있고 지름길이어서 아이는 그 길을 많이 이용한다.

단점으로 이 논길은 폭이 좁아서 자전거가 한 줄로 나란히 줄을 서서 달려야만 한다. 그런데 일행 중 누구라도 장난기가 발동하면 그 길에 들어서기 전에 여러 가지 핑계를 만들어서 달리는 자전거를 별안간 세우게 한다.

그리고 놀림의 대상이 되는 친구를 미리 선정하고 대열을 중간에서 좁은 논둑길을 달리도록 한다. 한편 그 친구의 자전거 브레이크 장치는 몰래 풀어서 작동하지 않도록 미리 작업한다. 그리고 한참 그 논길을 달리다가 제일 앞에서 달리던 길잡이가 계획대로 할 말이 있는 것처럼 위장해서 중간에 갑자기 자전거를 세운다.

그러면 아무것도 모르고 줄지어 농수로의 좁은 길을 달리던 대상이 된 친구도 자전거의 브레이크를 잡는다. 하지만 브레이크는 작동하지 않고 이에 순간적으로 당황하여 앞에 가던 자전거의 뒷부분에 충돌한다.

그러면 중심을 잃고 결국 옆으로 기울어지면서 자전거와 함께 물이 깊은 농수로를 겨우 피해 그 반대편의 논으로 처박힌다. 그러면 다른 친구들은 이 모습을 보면서 깔깔 웃어 댄다. 반면 넘어져서 교복이 온통 젖은 친구는 자전거를 다시 일으켜 세우면서 식식거리고 울 듯이 왕짜증을 낸다.

그러나 결국에는 친구들의 장난인 것을 알아차리고 황당하다고 헛웃음을 지으면서 화해한다. 그러곤 옷을 말리기 위해 근처에 자리를 잡고 앉아서 한참 동안을 재미있게 노닥거리고 놀다가 집을 향해 다시 출발한다.

부모님에게 조심하지 않는다고 꾸지람을 듣기도 하지만 이는 누구도 예외가 아니라서 결국 한번은 멋지게 당하고야 만다. 그 이후 아이는 논길에 들어서는 날이면 자전거 브레이크를 미리 점검하는 습관이 생기게 된다.

억울한 귀싸대기 한 대

 낯선 인근 지역에 있는 중학교에 입학한 후 아이는 한동안 적응이 힘들어서 얼떨떨한 상태에서 어색한 기분으로 학교에 다닌다. 여러 초등학교에서 온 같은 반 친구들도 아직 대하기가 낯설고 학교도 이웃한 면의 소재지에 위치해서 더욱 그러하다.

 그래서 학교 가는 기분이 새롭기도 하고 과목마다 선생님이 다른 것이 생소하고 왠지 특이하다고 생각한다. 그러던 어느 날 국어 시간에 선생님이 아이 반 학생을 모두 데리고 교실 앞의 화단으로 나가서 잡풀을 뽑으라고 시킨다.

 그래서 한 줄로 세운 다음 그 자리에 앉아서 줄지어 앞으로 나가면서 잡풀을 뽑기 시작한다. 그런데 거의 모든 학생들이 조잘거리면서 대충대충 풀을 뽑으며 앞으로 재빨리 나아간다. 그러나 아이는 작은 것까지 빠짐없이 성실하게 잘 뽑느라고 가장 뒤져서 자리를 한 걸음씩 옮긴다.

 그러자 별명이 '암만'이라고 불리는 아주 작은 체구의 국어 선생님이 어느새 다가오더니 아이를 일으켜 세운다.

 그리고 "왜 게으름을 피우며 빨리빨리 잡풀을 뽑지 않느냐."라고 하면서 별안간 아이의 귀싸대기를 한 대 매섭게 날린다.

 아이는 아침 미사 시간에 있었던 성당 사건 이후로 가족에게는 물론 누구에게도 매를 맞은 적이 없었다. 그런데 두 번째로 타인에게 뺨을 얻어맞는 일을 당한 것이다.

 그런데 너무 어이가 없고 당황스러워서 얻어맞은 볼이 아프지도 않고

'이게 뭐지?' 하며 얼이 완전히 나간 얼떨떨한 상태가 된다. '나는 최선을 다해서 시킨 일을 열심히 하였을 뿐인데.' 하는 생각에 별안간 눈물이 핑 하고 돈다.

다른 학생들처럼 엉터리로 잡풀을 뽑는 시늉만 해야 되는 것이었나? 그렇다면 그것은 절대로 정당하지 않은데…. 아무리 생각해 봐도 이해할 수가 없다. 아이는 속으로만 억울하다 생각하면서 선생님에게 항의하지도 못하고 혼자만 눈물을 삼킨다.

그 이후 이와 같은 경험으로 생긴 혼돈으로 어떤 일을 할 때 가끔은 당황스러운 때가 많다. 그리고 그때마다 왜 눈물을 흘렸는지 후회하면서 자꾸 그 일이 떠오른다.

이렇게 부당함으로 빚은 아픈 기억을 통하여 자신을 되새겨 보라는 '타산지석'의 격언으로 오랫동안 되뇌게 된다.

<u>자신을 아는 것이 眞, 자신과 싸우는 것이 善,</u>
<u>자신을 이기는 것이 美다.</u>
- 명언 한 줄 -

3. 꾸러기 교실과 운동장

처음 경험한 밤낚시

아이의 아랫집은 도시에서 이사 온 가족이 사는 초가집이지만 동네에는 몇 대밖에 없는 귀한 TV가 있는 집이다.

그런데 어느 날부터 40대 후반의 한 아저씨가 그 집에 세를 들어서 살게 되는데 그는 서울에서 사업을 하다가 몸이 좋지 않아 시골로 요양을 왔다고 한다. 그런데 그는 낚시를 엄청나게 좋아해서 항상 낚시를 가거나 낚싯대를 다루면서 시간을 보내곤 한다. 아이는 우연히 그 아저씨가 낚시로 잡은 물고기를 공동 우물에서 손질하는 것을 몇 차례 보게 된다.

어느 날은 처음 보는 고급 낚싯대와 찌를 손보는 광경을 옆에 서서 신기한 표정으로 지켜본다. 그러자 그는 아이를 올려다보면서 "너도 낚시 좋아하면 한번 같이 가자." 하며 빙그레 미소를 짓는다.

이에 아이는 겸연쩍은 표정을 지으며 어리둥절하다가 이내 수줍어하면서 고개를 끄덕인다. 그렇게 며칠이 지난 후 아이를 만난 아저씨가 "오늘 낚시 가자." 하며 "준비할 것은 없고 그냥 따라오기만 하면 된다."라고 한다.

그러면서 낚싯대 등 일절 장비는 자기가 미리 준비한다고 웃으면서 말한다. 그리고 낚시 장소는 이웃 마을에 있는 저수지이며 낮에 가는 것이 아니고 밤낚시를 간다고 한다.

그렇게 저녁 늦게 저수지에 도착하니 대나무가 아닌 신식 낚싯대 2대를 아이에게 차려 주고 '카바이트' 등불을 붙여서 주변을 환하게 밝힌다. 그렇게 설레는 마음으로 바로 낚시를 시작한다.

그런데 어찌 된 일인지 정신없이 입질이 와서 거의 밤새며 붕어를 낚아 올렸고 때로는 실패해서 놓치기도 했다. 처음으로 맛보는 찌릿한 손맛과 팽팽하게 댕겨지는 낚싯줄은 정말 이상하게도 숨이 차는 진한 쾌감을 준다.

이렇게 물고기가 너무 잘 잡혀서 낚싯대 한 개는 바로 거두고 오직 한 대만 가지고 계속한다. 꼬박 온밤을 단숨에 보내고 새벽이 되어서야 철수한다. 아이가 잡은 붕어를 곰곰이 살펴보니 손바닥 정도의 크기로 30여 마리가 넘는 것 같다.

그리고 흔히 하던 엉성한 대나무 낚싯대가 아닌 새로운 고급 플라스틱 낚싯대로 고기를 잡는 멋진 첫 경험을 한 것이다.

이후 몇 달이 지나 아저씨는 다시 서울의 댁으로 돌아가면서 헤어지게 된다.

그런데 그 아저씨가 몸이 나빠서 요양을 온 것이 아니고 회사가 부도나서 숨어 있기 위해 농촌으로 온 것이란다. 우리 동네로 채권자를 피해서 온 것이라는 반전의 소문을 듣게 되지만 아이는 이를 쉽게 믿지 않는다.

한편 세상을 잘 모르던 아이는 몇 년 후에 정말 신기하게도 그 아저씨를 서울역 지하도에서 스쳐 지나치며 다시 만난다. 그러나 깜짝 놀라는 표정으로 그냥 "반갑다."라며 바쁜 모습으로 인사만 하고 바로 사라지는 아저씨의 뒷모습을 지켜보게 된다.

그러면서 형언하기 복잡한 여러 가지의 감정으로 한동안 멍하니 그 자리에 서서 낚시하던 날을 살짝 떠올리기만 하였다.

입으로 사라진 버스 요금

아이가 중학교를 오갈 땐 주로 자전거로 통학하지만 비가 오거나 자전거가 고장 나서 여의치 않을 때는 버스를 타거나 걸어야만 한다. 버스는 아침 시간에 읍내로 하루에 한 번만 다녀서 이를 놓치기라도 하면 어쩔 수 없이 긴 시오리의 거리를 무거운 책가방을 들고 걷는다.

버스를 타면 여학생은 버스 앞에만 모여 있고 반면 남학생은 뒤편에 모여서 떠들어 댄다. 그러면서 앞쪽을 힐끔힐끔 쳐다보며 눈에 익은 여학생과 눈길을 맞추다가 고개를 돌리곤 한다.

그런데 대개 버스를 타고 학교에 가게 되면 보통 집에 올 때는 버스를 타지 않고 그냥 걸어간다. 그 대신 버스 차비로는 아주 귀한 생라면 한 봉을 사서 조금씩 아껴 먹으며 집으로 향한다.

이 바삭바삭하고 곱슬머리처럼 꼬불꼬불한 생라면의 맛은 집에서 흔히 먹던 고구마나 무와는 전혀 다른 맛의 신세계를 열어 준다. 생라면을 조금씩 부숴서 흘리지 않게 조심하면서 아껴서 먹는다.

한편 자갈이 깔린 긴 신작로를 따라 걸으면서 이제 사춘기가 막 시작된 친구들은 종알종알 이성에 관한 수다도 떤다. 다른 초등(국민)학교 출신의 여학생에 관심이 많아서 이야기는 길어지기도 한다. 누구누구는 서로 짝이라고 하고, 누구는 오래달리기도 잘하고 얼굴이 예쁘다고 은근히 칭찬도 한다.

이렇게 이성의 친구 문제와 교제는 자연스럽게 사춘기 청소년들의 중요한 관심사가 되는 것이다. 아이와 동네 친구들은 책가방이 무거운 것도 잊은 채 신작로 길에 깔린 자갈만큼이나 많은 이야기를 털어놓는다.

그런데 동네에 이르기 바로 전에 있는 이웃 마을 앞을 지날 때면 친구들은 여기저기를 살피면서 잔뜩 긴장한다. 이는 그 마을에 사는 선배와 청년들이 가끔 나타나서 주머니 검사를 해 가진 것을 빼앗기 때문이다. 그리고 때론 무력적인 겁을 주면서 신작로에서 조금 벗어난 한적한 곳으로 가서 때리기도 한다.

이렇게 겁도 나고 돌부리가 발에 걸리는 일도 있지만 시간이 가는 것도 잊고 수다를 떨면서 열심히 걷다 보면 어느새 동네 어귀인 '민역 도로'에 이른다. 그리고 저 멀리 지붕이 까만 뾰족 성당이 울창한 나무들 사이로 보이면 "이제 다 왔구나." 하면서 발걸음을 더욱 재촉한다.

아이는 집에 도착하자마자 책가방을 대청마루에 힘없이 내려놓으면서 "아이구 배고퍼~!" 하고 엄마에게 밥을 빨리 달라고 보챈다. 그러면 어머니는 지금 밥을 새로 하고 있다면서 조금만 참으라고 달래지만 아이는 인상까지 쓰면서 사정없이 마구 보챈다.

상대방은 바로 당신의 거울이다.
- 명언 한 줄 -

교실에서 밀려난 점심시간

　아이는 중학교 때 불행인지 영광인지 알 수는 없지만 남녀 혼성반이 되어서 좀 특별한 학교생활을 한다. 남녀 합반이 되면 교실 중앙을 경계로 하여 좌우로 남녀 학생이 구분하여 앉고 수업을 받는다.
　그러면 수업 시간에 공부에 열중하다가 고개를 돌려서 옆줄에 앉아 있는 여학생을 바라보기도 한다. 그러다가 그 여학생과 눈이라도 마주치면 이내 고개를 '획' 돌리곤 괜히 민망해진다. 그러면서 얼굴이 뻘게지고 가슴은 쿵쾅거리며 짜릿함이 온몸에 퍼진다.
　아마도 이렇게 사춘기의 현상을 느끼는지 모른다.
　가장 어려운 것은 준비해 온 도시락을 먹는 점심시간이다. 아이는 매번 교실에서 점심을 먹지 못하고 번번이 여학생에게 밀려나서 도시락을 들고 학교 뒤편 동산으로 가야 한다.
　거기에 같은 처지가 된 남학생들 여러 명이 옹기종기 모여서 터를 잡고 도시락을 까먹으며 되지도 않는 수다를 떨며 시간을 보낸다. 한편 교실은 여학생들이 온통 차지하고 도시락을 먹고 자기들만의 세상에서 교복을 휘날리며 장난을 치면서 난리법석이다.
　겉으로 드러난 힘은 남학생이 강하지만 사춘기 여학생들이 옥타브 높은 말과 떼를 지어 밀어 대면 결국 밖으로 쫓겨나는 것이다. 날씨가 좋은 봄철이나 가을에는 별다른 문제가 없으나 기상이 좋지 않은 날이면 참으로 곤혹스러운 일이다.
　하기야 푸른 자연 속에서 또래끼리 모여 밥을 먹고 여러 가지 이야기도 쏟아 내며 까불어 대는 것이 재미가 쏠쏠하기도 하다. 이런 일을 담임 선생님에게 고자질할 수도 없고 그냥 자연스럽게 교실 내의 힘의 논리에 따른 것일 뿐이다.

이렇게 나무 밑에 앉아 도시락을 열면 아이는 주로 김치나 콩장을 가져오고, 옆자리 짝꿍은 항상 오이장아찌무침을 가져온다. 이렇게 둘이 항상 반찬을 나누어 먹는데 여름철에는 오이장아찌에서 살짝 쉰 냄새가 나지만 이상하게도 한 번도 배탈이 나지 않는다.

이는 매우 신기한 일이라고 아이는 생각한다. 그 짝꿍은 먼 산골에서 오직 걸어서 학교를 다니기 때문에 힘은 들어 보이지만 언제나 밝고 순수하다. 그렇게 얼굴이 하얗고 마른 체구의 친구는 너무나 착한 성품으로 함께하는 학교생활에서 한 번도 화를 내지 않는 정말로 멋진 짝이다.

> 인생 최대의 실수는 실수할지 몰라서
> 내내 전전긍긍하는 것이다.
> - 엘버트 허버드(미국) -

자존심 손상한 탁구 실력

 울창한 포플러스 수목과 냇가를 끼고 있어 경관이 아름다운 중학교는 아래쪽에 커다란 교사가 여러 개의 교실을 달고서 길고 멋지게 서 있다. 그리고 위쪽에는 교실 네 개가 나란히 있는데 그 중앙 현관의 넓은 공간에는 탁구대가 하나가 떡하니 놓여 있다.

 그래서 점심시간과 쉬는 시간에는 학생이나 선생님들이 종종 이것을 이용하여 서로 시합하면서 탁구를 즐긴다. 아주 가끔 아이도 빨갛고 탄탄한 고무판이 붙여진 신기한 진짜 탁구채를 잡을 수 있는 이 기회를 놓치지 않으려고 매번 기회를 엿보며 안달한다.

 어린 시절엔 누나의 나무 책상 가운데를 곱돌로 표시하고 나무 송판을 탁구채 모양으로 잘라서 탁구한다며 흉내를 낸 적이 있다.

 그러다 면사무소가 옆 동네로 이사하면서 생긴 청사에 자리 잡은 중학교 과정인 '고등공민학교'에서 가끔 동네 친구들과 탁구를 즐기곤 했다. 이렇게 자기가 손수 만든 송판 탁구채로 놀이를 하면서 서툰 실력을 쌓은 것을 중학교에서 실제로 즐길 수 있는 기회가 온 것이다.

 그런데 어느 날 특이한 성격의 남자 사회 선생님과 여성인 음악 선생님이 쉬는 시간에 격렬하게 한판 붙어서 일종의 성별 대결이 열렸다. 이에 주변에 있던 학생들이 우르르 몰려들어 관심 있게 구경하다가 각각 응원하면서 열을 올린다.

 남자 선생님은 좀 멀리에서 길게 드라이브 걸기를 주특기로 하고 여자 선생님은 커트와 백핸드 푸시가 장기이다. 그래서 남자 선생님이 힘껏 드라이브를 걸면 여자 선생님은 탁구대에 가까이 서서 바로 백 푸시로 빠르게 밀어 넘기며 승점을 따낸다.

드라이브는 탁구대와 좀 먼 거리에서 큰 동작으로 만들기 때문에 바로 받아서 백 푸시로 공을 빠르게 넘기면 이를 다시 받아 내기 어려운 것이다. 이에 따라 남자 선생님은 더욱 힘차게 드라이브를 걸지만 매번 이 같은 일로 몹시 당황하고 창피한 표정으로 고개를 갸웃거린다.

그 사회 선생님은 학교에서 본인이 탁구를 제일 잘 치는 선생님으로 자부하는데 별안간 일어난 이러한 일로 인하여 한동안 탁구대 근처에 나타나지 않는다.

이후 아이도 롱 드라이브와 빠른 스매싱의 공격형보다는 백핸드 푸시와 커트를 주요한 무기로 해서 오랫동안 일명 수비형 탁구를 즐기게 된다.

바보는 입으로 말하고, 영리한 사람은 머리로,
지혜로운 사람은 마음으로 말한다.
- 명언 한 줄 -

코피 터진 권투 시합

  이 중학교의 한 학년은 남자반 2개, 여자반 1개 그리고 남녀 혼성반 1개 모두 4개 반이 있고, 한 반에는 60명의 학생이 공부한다.

  아이는 2, 3학년을 남녀 혼성반에서 공부하게 된다. 어느 날 3학년 체육대회에 반강제로 권투선수로 추천되어 시합 날 2반의 한 친구와 맞붙게 된다.

  그 친구의 키는 아이와 비슷하나 몸과 근육이 튼튼하고 힘도 아주 센 장사의 기질을 가지고 있는 다른 초등학교 출신이다. 반면에 이때까지 한 번도 주먹 쥐고 다른 아이와 싸워 본 적이 없는 아이는 이에 매우 당황스러워한다.

  그나마 아랫집 TV에서 프로 권투 선수가 멋지게 시합하는 모습을 본 기억만은 선명하게 갖고 있어서 다행이다.

  드디어 아이는 시합 당일 8온스짜리 큰 글러브를 끼고 운동장 한쪽에 임시로 만든 링 위에 올라선다. 그런데 이를 어쩌나? 아이는 어안이 벙벙하여 아무 생각도 없고 머리가 하얗게 백지가 된다.

  더구나 같은 반 여학생 몇몇이 임시로 만든 링 주변에서 열렬히 응원하고 있어서 시합하기도 전부터 알 수 없는 이상한 기분에 휩싸인다.

  1라운드 땡 소리와 함께 튀어 나가 맞서며 제법 권투 선수의 자세로 경기를 시작한다. 그러나 몇 번 주먹이 오가고 몇 대를 서로 때린 뒤에는 본인도 모르게 마구잡이식으로 두 팔을 마구 휘둘러 댄다.

  그러다 정통으로 앞면에 상대의 주먹을 얻어맞은 아이는 코피가 터졌고 링 주변의 여학생들이 웅성웅성하며 걱정하는 소리가 귀를 스친다.

아이는 결국 3라운드가 끝나기 전에 팔에 힘이 빠져서 아예 권투 자세를 잡지도 못할 지경이 되어 두 팔이 자꾸 아래로 처졌다. 그러나 4회전을 모두 마친 경기의 결과 주심은 아이가 많이 얻어맞고 코피도 흘렸으나 히트 점수가 높다며 한 손을 들어 승리를 안겨 준다.

이렇게 해서 겸연쩍은 승리가 기쁘기보다는 많이 부끄러웠지만 '다행이다.' 하는 마음으로 편하게 링에서 내려와 긴 한숨을 돌린다.

이 일을 통해서 알게 된 것은 보통 사람이 권투 시합이 끝날 때까지 두 팔을 얼굴에 올리고 그 자세를 계속 유지하면서 경기했다는 말은 틀림없이 거짓이다. 왜냐하면 실제로 시합을 해 보니 두 팔을 마구 휘두를 수밖에 없고 이내 힘이 빠져서 그 자세를 절대로 유지하기가 불가하다는 것이다.

이렇게 실제 경험 없이 말뿐인 사람의 권투 시합에 관한 이야기는 듣기만 하여도 바로 구별할 수 있는 값진 경험을 하게 된다.

가족보다 소중한 것이 없다.
- 명언 한 줄 -

'아침형 인간' 따라 하기

중학교에서 기말시험 등이 있을 때는 아무리 농땡이 치는 친구라도 공부하는 척을 해야 하기에 매우 부담이 되어 이를 싫어한다. 아이도 마찬가지여서 시험을 전후하여 신경을 곤두세우고 손가락으로 날짜를 세곤 한다.

그런데 공부를 잘하는 한 친구가 가까운 곳에 이웃하여 자주 오가면서 빌려 온 만화도 같이 돌려보며 지내는 아주 막역한 사이다.

한번은 친구의 좋은 시험 결과가 샘이 나서 그 친구 집으로 가 함께 시험공부를 하기로 한다.

그런데 문제는 그 친구는 아침형이라서 저녁이 좀 지나면 꾸벅꾸벅 졸다가 잠부터 자야 한다며 혼자 잠을 잔다. 그리고 이른 새벽에 일어나 냉수로 세수하고 한동안 시험공부에 집중한다.

반면에 저녁형인 아이는 자정이 넘도록 잠을 자지 않고 공부한다고 잘 버틴다.

그런데 그 친구를 따라 아침에 일찍 일어나면 정신을 못 차리고 하루 내내 비몽사몽으로 지낸다.

이렇게 친구와 함께 시험공부를 하면 '선의의 경쟁'이 생긴다. 또한 서로 참고서를 바꾸어 볼 수 있다는 긍정적인 효과도 분명히 있다.

그러나 아이는 완전히 다른 습관으로 인하여 별다른 효과도 보지 못하고 오히려 그 반대의 결과만 낼 뿐이었다. 그러니 괜히 쓸데없이 같이 모여 시험공부했다는 뒤늦은 후회를 해 보지만 이미 소용이 없다.

단지 이런 마음과 결과를 핑계 삼아 좋은 점수를 얻는 기회는 다음으로 미루게 된다. 그러면서 공부를 포함한 어떤 일이든지 남을 무조건 따라서 하지 말아야 한다는 것을 알게 된다.

아이는 문제의 해결 방법을 찾기 위해서는 오직 자신에게 맞는 방법으로 해결하는 것이 중요하다는 것을 새삼 실감하는 교훈을 얻는다.

우리의 삶은 감사할 때 비로소 풍요로워진다.
- 디트리히 본회퍼 -

기이한 선생님 취향

 겨울철이 다가오는 11월이 되어서 점차 날씨가 추워지면 교실에는 까만 조개탄을 태우는 커다란 난로를 설치한다.
 교실 중앙의 난로와 창문으로 길게 이어진 함석으로 된 하얀 연통은 매우 뜨거워서 여기를 만지다가 손에 화상을 입는 일도 종종 있다.
 그런데 이 난로의 주재료인 조개탄을 태우기 위해서는 밑불을 지펴야 하는데 이때 산에서 가져온 솔방울을 사용하는 것이 최고다.
 바싹 말린 솔방울은 불이 쉽게 붙기도 하지만 일단 불이 붙으면 화력이 좋고 오래 타기 때문이다.
 그리하여 가을이 되면 솔방울을 따기 위해 선생님이 학급의 학생들을 인근 산으로 소풍이라도 가듯이 줄줄이 인솔한다.
 그런데 사회 과목을 담당하던 남자 선생님과 솔방울을 따러 가면 항상 학생들에게 뱀이나 독사를 보게 되면 꼭 살아 있는 상태로 잡아 오라고 한다.
 그래서 마침 학급 친구가 독사 한 마리를 잡아서 선생님께 가져다주었더니 바로 반짝이는 독사의 눈알을 주변의 막대기로 빼내서는 입에 넣고 삼킨다.
 그러면서 "눈이 밝아지는 데는 이게 최고지."라고 하면서 눈도 깜박하지 않는 것이다. 아이는 아무리 생각해도 이런 행동을 이해할 수 없었으나 그냥 매우 독특하고 이상한 선생님이라고 생각하면서 멍하니 쳐다보았다.

학급의 학생들은 산을 오르내리며 솔방울을 열심히 따고 주워 모으면서 독사를 잡는 일에도 집중한다.

그것은 어렵고 존경스러운 선생님께서 원하는 것은 무엇이든지 잘해서 칭찬받고 싶어 하는 시골 학생의 아주 순수한 마음이다.

우리가 반복하는 행동(습관)이,
바로 우리가 누구인지 말해 준다.
- 아리스토텔레스 -

4. 뜨거운 갯벌과 가설극장

나는 진실로 '나'를 비웠는가?

- 명언 한 줄 -

갯벌에서 미끄럼 타기

머리가 하얀 어떤 노인에게 소금 한 대박을 판 소금 장수는 돌아가면서 절대로 뒤를 바라보지 말라는 노인의 말을 듣는다. 그러나 그 소금 장수는 "알았다."라고 말은 했지만 너무나 궁금해서 그만 뒤를 돌아보고 말았다. 그러자 바로 뒤에 있던 동네가 바닷물에 잠기면서 사라지고 이 넓은 갯벌이 생겼다.

예전부터 이러한 소금 장수의 전설이 전해져 오는 갯벌에는 셀 수 없이 많은 황바리(농게)와 짱뚱어들이 살고 있다.

아이는 하굣길에 친구들과 갯벌 둑에 옷을 후다닥 벗어 던지고 재빨리 갯벌로 내달린다. "야~아!" 하는 (소리로) 고함도 지르며 가을 운동회라도 하는 몸짓으로 신이 난다.

멀리 작은 물결이 출렁이는 바다를 향해 정신없이 뛰면서 시원한 그들만의 세상을 연다. 그러면 이 넓은 갯벌에 수없이 깔려 있던 황바리와 짱뚱어는 '웬 놈들이 침입하여 오는가?' 하며 깜짝 놀란다.

그리고 두 눈을 휘둥그레 높게 치켜뜨면서 갯벌의 자기 구멍으로 꽁지 빠지게 '쏙' 들어가 자취를 감춘다.

바닷물로 젖어 있는 갯벌은 발목이 빠지고 물컹물컹하나 반면에 갯둑 바로 아래의 갯벌은 만조기에만 물이 차는 이유로 평상시는 딱딱하게 굳어 있다.

아이와 친구들은 매끈매끈하고 물컹한 갯벌 진흙이 있는 부분에서부터 배를 갯벌에 깔고 팔을 머리 위로 들어 올리는 자세로 엎드린다. 그러면 몸이 약간 경사진 아래쪽으로 쭈욱 내려가면서 신나게 미끄럼을 타게 된다. 이에 기쁨의 탄성도 함께 울려 퍼진다.

이 놀이를 처음 보는 학급 친구들은 "갯벌에 날카로운 굴 껍데기라도 있으면 어쩌냐?" 하면서 너무 위험한 놀이라고 몸서리치며 극구 말린다. 그러나 미끄러짐이 너무나 짜릿해서 여름철만 되면 아이와 친구들을 갯벌로 유혹하는 1등 공신이 바로 이 갯벌에서 엎드려 미끄럼 타기이다.

한편 갯둑 바로 아래의 단단한 갯벌 일부분에는 염생식물(행여나무)이라는 불그스름하고 자그마한 나무처럼 생긴 식물들이 넓게 자리 잡고 무리 지어서 자란다.

그런데 최고의 간조가 되는 시기가 되면 게들이 이 나뭇가지에 올라서 가지를 잡고 그네를 뛴다고 동네 어른들은 이야기한다.

모든 가치는 상대적이다.
- 명언 한 줄 -

'황바리'가 끄는 장난감 마차

학교에서 돌아온 아이와 동네 친구들은 무리를 지어서 갯벌로 황바리(농게)와 망둥이를 잡으러 간다. 그리고 이들 모두는 도착하자마자 검고 부드러운 개흙을 온몸에 바르고 힘주어서 강한 햇볕에 대응한다.

이렇게 개흙을 온몸에 발라 새카만 검둥이를 만들고 강한 햇볕을 받으면서 갯벌을 이리저리 뛰어다닌다. 그러다가 너무 더우면 갯고랑의 물에 들어가서 고개만 내밀고 앉아 더위를 식히며 뜨거운 시간이 가는 것도 잊는다.

그러다가 해가 바다로 잔뜩 기울어서 뻘겋게 힘이 빠지면 집으로 갈 준비를 하고 놀이를 멈춘다.

그리고 하나둘 갯둑 반대편에 있는 이미 개간된 논이나 민물인 작은 웅덩이로 가서 간단히 몸을 닦는다. 그리고 후다닥 옷을 챙겨 입고서 집으로 달려간다.

그러면 가끔 엄마가 "어디 갔다가 이제야(늦게) 오느냐?"라면서 큰 소리로 야단치는 소리가 대문을 훌쩍 넘기도 한다.

그럴 때마다 아이는 한 귀로 흘리면서 식은 보리밥을 우물물에 말아 입에 가득 집어넣으며 허기진 배를 허겁지겁 채운다.

그렇게 허기를 채우고 갯벌에서 잡아 온 몇 마리의 황바리(농게)를 꺼낸 뒤 실과 빈 성냥갑을 구해서 바퀴 없는 장난감 수레를 만든다.

그리고 "이랴~ 이랴, 워워." 하고 진짜 우마차를 끄는 듯이 놀면 황바리는 힘겨운지 입에서 거품을 뭉글뭉글 내뱉는다. 그래도 마차는 쉬지 않고 열심히 앞으로 가다가 멈추기를 반복한다.

해가 완전히 지기 전까지 아이는 대청마루와 집안 마당을 오가면서 농게가 끄는 장난감 마차 놀이에 한동안 정신이 없다.

그해 여름이 황바리(농게)가 끄는 성냥갑 마차와 함께 무더위를 이기면서 지나가고 있다.

웃음은 그 자체로 건강하다.

- 도리스 레싱(영국 작가) -

✦ 갯벌 물길인 갯고랑 ✦

 아이가 사는 동네 한편에는 갯가에 길게 이어진 갯둑이 있다. 이 갯둑은 갯벌을 논으로 만든 곳을 보호하는 커다란 둑이다. 그러니까 본래의 갯벌과의 경계가 된다.
 그런데 이 갯둑은 동네가 자리 잡고 난 후 갯벌을 간척하면서 생긴 것으로 아이와 동네 친구들이 세상에 나오기도 훨씬 전에 만들어졌다.
 논에서 논물을 대고 남은 민물이 이 갯둑의 수문을 통해서 바다로 흘러 들어간다. 그러면서 이 수문은 만조 시의 바닷물이 역으로 흘러 논으로 밀려오지 못하도록 막아 주는 큼지막하고 단단한 나무로 되어 있다.
 따라서 갯둑에는 이러한 수문이 여러 개가 있는데 이곳을 통하여 민물과 갯물이 드나드는 길이 된다. 이렇듯 바로 물이 바다로 이어지며 넓은 갯벌에 물길을 만들어서 여러 개의 긴 갯고랑이 생기는 것이다.
 이 갯고랑은 산골짜기 냇가와 비슷하여 항상 물이 흐르는 것은 물론 주변의 갯벌 흙을 물컹거리고 부드럽게 만든다. 따라서 항상 물고기들이 숨어 살고 있다.
 그래서 무더운 여름 햇볕에 온몸을 새까맣게 개흙을 칠하고 망둥이(짱뚱어)처럼 시커멓게 타 버린 아이와 친구들도 그들과 친구가 되어서 그곳에 있는 것이다.
 그들은 갯벌에서 황바리와 짱뚱어를 잡는다고 이리저리 뛰어다니며 숨바꼭질하느라고 정신이 없다. 그러다가 강한 햇볕에 몸이 뜨거워지면 따가운 햇볕을 피해 갯고랑으로 뛰어들어 물장구도 치고 물속으로 다이빙도 한다.

  그런데 이때 물속에 움푹하게 파인 진흙이나 발자국 안에서 갯붕어나 참망둥이가 숨어서 잔뜩 웅크리고 있다. 그러면 이내 손으로 더듬더듬 이리저리 천천히 움직이면서 오직 맨손의 감각으로만 그 물고기를 잡아낸다.

  마치 노다지라도 캔 듯이 움켜쥐고 물 밖으로 힘껏 던지는데 이런 때는 항상 개선장군이 된 듯 "망둥이다~ 붕어다~" 하는 기쁨의 소리도 힘차게 지른다.

  한편 여기 수문 가까이에는 민물 붕어도 더러 있는데 아이는 바닷물이 고인 갯벌로 이어진 이 물속에서 잡히는 민물고기가 아주 신기하다고 친구들에게 너스레 떨기도 한다.

  이렇게 여러 모양으로 바다의 물길을 만드는 갯고랑은 무더운 여름철이 되면 아이와 동네 친구들의 물고기 보물 창고가 되는 것이다.

<u>혼자 있을 때는 자기의 마음을 살피고,
여럿이 있을 때는 자기 입의 말을 살펴라.</u>
- 명언 한 줄 -

갯벌에서 울린 친구 비명

여름철마다 벌거벗고 뛰어놀던 갯벌은 하루에 두 번 밀물과 썰물이 드나들고 그 물때를 이용하여 드넓은 갯벌 한편에 꽤 긴 그물을 치기도 한다.

이렇게 하면 밀물 때 따라 들어와 놀던 숭어나 가오리 같은 바닷고기가 썰물 때에 그만 그물에 걸린다. 이같이 바닷물을 따라 나가지 못하고 그 가두리 그물에 갇히는 물고기를 잡기 위해서 설치하는 것이다.

그러면 그물 주인은 물때를 맞추어 찾아와서 그물에 걸려 있는 물고기를 담아 간다. 그리고 그 물고기를 팔아서 일정한 수입을 얻기도 하고 그냥 자기가 먹거나 이웃에게 나누어 주기도 한다.

그날도 아이와 친구들은 갯벌에서 다리 하나가 엄청나게 크고 황색인 '황바리'라는 게와 같이 살고 있는 수많은 갯망둥이(짱둥어)를 잡는다고 즐겁게 뛰어다닌다.

그러나 황바리는 얼마나 빠른지 근처에만 다가가도 이내 갯벌에 뚫어 놓은 자기 집으로 들어가 버린다. 그리고 망둥이도 펄쩍펄쩍 뛰어다니며 재빠르게 도망쳐서 이 넓은 갯벌에서 이것들을 쫓는 동네 친구들은 아주 힘들게 뛰어야만 한다.

그러던 중 한 친구가 저편 멀리에서 "아~악!" 하는 외마디 비명을 지르며 쓰러진다. 이에 '아이구 뭔가 문제가 생겼구나.' 하는 생각으로 재빠르게 달려가 보니 그는 허벅지를 붙잡고 쓰러져서 괴로워하고 있는 것이다.

그 친구는 그물에 갇힌 커다란 가오리 한 마리를 발견하고 자기가 먼저 잡으려는 욕심으로 급하게 다가가 온몸으로 가오리를 움켜잡았다. 그러자 그 가오리가 펄쩍 뛰면서 꼬리 밑에 있는 뾰족한 가시로 허벅다리를 찌른 것이다.

아이와 다른 친구들은 너무나 놀라고 당황하고 있는데 마침 가까운 곳에서 논을 돌보던 어른을 발견하고 얼른 도움을 청한다. 그리하여 잠시 후에 그 친구는 읍내에 있는 병원으로 급하게 실려 가서 응급 치료를 받는다.

다행히도 생명과는 지장 없는 허벅지를 찔린 데다 혈관을 피해 출혈이 적어서 상처가 아주 크진 않았다.

한편 이 일로 그물 주인은 친구가 딱하다고 하면서 그 커다란 가오리를 친구가 갖도록 허락하여 준다. 그러자 그 친구는 큰 부상으로 얻은 산물과도 같다며 이런 사태에서 자기를 도와준 친구들과 이웃에게 고맙다고 모두 나누어 준다.

그 친구는 오랫동안 치료하여서 완치되어 학교에 나올 수 있었으나 만약 치명적인 부분에 공격받아서 상처가 났으면 정말로 큰일을 치를 뻔했다며 긴 한숨을 토한다.

항상 즐겁게 뛰어놀던 아이는 이 사고로 인해 한동안 가오리를 보면 잔뜩 겁을 내면서 무서워하게 된다.

그러면서 남의 그물에 걸린 물고기를 탐내서 생긴 하느님의 벌일지도 모른다는 믿음을 마음에 깊이 새긴다. 남의 물건을 탐내는 짓은 나쁜 것이라고 하는 확실한 믿음을 갖게 된다.

갯벌 모래톱에 숨은 백합

　갯둑은 소가 끄는 마차가 다닐 정도로 꽤 넓으며 그 바다 쪽 아래는 거무스름하지만 아주 고운 진흙으로 이루어진 갯벌이 넓게 펼쳐져 있다. 그리고 갯벌은 밀물과 썰물에 따라 가능한 넓이만큼만 그 얼굴을 햇볕에 드러내고 검게 타서 온통 잿빛으로 시커멓다.

　거기에는 발 하나가 크고 황색인 '황바리'라는 게와 머리가 크고 못생긴 모양에다 거무스름한 색과 작은 점으로 치장한 '갯망둥이'가 정신없이 뛰어놀고 있다.

　그런데 가장 심한 간조 시의 썰물일 때에는 바닷물이 멀리까지 빠져나가서 바다의 중간에 있는 갯벌에서 모래톱이 슬그머니 일부 드러난다. 이때는 동네 사람들이 그 모래톱에 들어가서 대합(백합)이라는 껍질이 두껍고 단단하며 어른 손만큼 커다란 조개를 잡는다.

　일부 갯벌에는 작은 조개만 흙에 박혀 있고, 오직 모래톱에 들어가야만 그 커다란 대합을 잡을 수 있다.

　그런데 문제는 썰물 시라도 갯벌과 모래톱 사이에는 마지막으로 빠져나가는 바닷물이 갯고랑처럼 계속 아주 빠르게 흐른다. 그리고 그 물길의 깊이는 어른 가슴 아래의 높이라서 실수로 넘어지면 물에 쓸려 내려가기 때문에 매우 위험하다.

　그래서 동네 친구들은 여러 명이 서로 어깨동무를 하여 단단하게 스크럼을 짜고 발을 맞추어서 천천히 건너야 한다. 한 해 전에도 어른이 이를 얕보고 혼자서 건너다가 중심을 잃고 넘어져 바닷물에 떠내려갔다가 간신히 주변 사람의 도움으로 건져진 일도 있다.

　이렇게 모래톱에 무사히 도착하면 누구나 남의 눈치도 보지 않고 대합을 잡기에 온통 정신이 없다.

　이 대합을 잡는 방법은 길게 손잡이가 연결된 삼각형의 쇠칼을 거꾸로 하여 손잡이를 어깨에 걸치고 쇠칼을 모래톱에 살짝 묻히도록 한다. 그리고 모래 속을 살살 끌고 다니면 '덜크덕' 하며 돌 같은 게 쇠칼에 걸리는 느낌과 소리가 난다.

　그것이 바로 대합이라서 얼른 쇠칼을 세우고 그 자리를 손으로 살짝 헤치면 얕은 모래 속에서 대합이 보인다. 그러면 얼른 집어서 준비해 간 바구니에 넣으면 된다.

　그런데 모래톱에 있는 대합은 주인이 있다고 해서 이 조개를 잡을 때는 항상 이리저리 눈치를 살펴 주인이 다가오는지를 보아야 한다. 그러니까 어쩌면 남의 물건인 대합을 잡아 가는 것이다.

　적당한 시기가 되면 이곳에 배를 타고 온 주인이 대합의 어린 종패를 시기에 맞춰서 뿌린다는 것이다. 그리고 수확 시기에 맞추어 큰 것을 모두 일본에 수출해 많은 돈을 번다고 한다.

　이 대합국(백합)은 속살도 맛있지만 특히 우유같이 허연 국물이 아주 시원하고 일품이며 귀하기도 해서 시골에서도 먹기 힘든 음식이다.

　모래톱으로 건너는 것이 너무 위험하다고 어른들이 들어가지 못하게 적극적으로 말려서 그 기회는 아주 적다. 그래서 모래톱에서 대합을 잡는 어른들을 바라보며 부러운 마음으로 진한 아쉬움만 태우는 때가 많다.

✦ 추락한 미국 공군기 부품 ✦

　어느 해인가 그날도 아이는 마당이 큰 집에 모여서 친구들과 '깡통차기'를 하며 즐기기에 여념이 없다.
　그런데 주변으로 어른들이 하나둘씩 지나가면서 서쪽 바다에 갑작스럽게 전투기 한 대가 큰 소리를 내면서 떨어졌다고 쑥덕인다. 그러면서 거기에 가면 가격이 비싸게 나가는 비행기 잔해를 주워 올 수 있다고 하면서 발길을 급하게 재촉한다.
　그런데 어떤 이는 아마도 전투기의 한 부분에 다이아몬드가 있다며 혹시 그것이라도 찾으면 대박이라고 흥분한다.
　그래서 아이도 얼른 동네 친구들과 함께 그 어른들을 따라 저 멀리 전투기 잔해가 보이는 갯둑으로 가서 바다에 처박힌 비행기의 주변을 잔뜩 긴장해서 바라본다. 이미 거기에는 주변에서 몰려온 사람들이 인산인해를 이루면서 추락한 전투기를 바라보며 수군대고 있다.
　한참 후에 미군들과 경찰관이 가까이에 접근하지 못하게 사람들을 통제한다.
　평상시 미 공군 전투기가 모처에 비행장을 두고 이착륙하면서 훈련하는데 훈련 중에 그만 기체에 이상이 생긴 것이다.
　그러자 조종사는 비행기의 기수를 마을이 없는 바다로 정하고 비상 탈출 하여서 목숨을 건졌다고 한다. 그렇게 전투기 동체는 조종사의 기지로 바다 갯벌 가운데에 그대로 처박힌 것이다. 그 과정에서 형체는 어느 정도 남아 있으나 많이 파괴되어서 꼬리만 내보이고 주변에는 기름띠와 같은 얼룩과 잔해들이 산재해 있다.

그러자 몇 명의 발 빠른 동네 주민은 가까이 다가가서 이미 몇 조각의 가벼운 잔해를 주워서 집으로 옮겨 놓는다. 나이가 든 어느 어른은 낙하산이 특수한 천으로 성인용 옷을 7벌이나 만들 수 있는 크기라고 강조하면서 힘들여서 찾아낸다.

그런데 다음 날 헌병대와 경찰관이 동네의 집집을 찾아다니면서 만약 전투기 잔해를 하나라도 주워 온 것이 있으면 즉시 반납하라고 겁을 주면서 홍보한다. 만약 이를 어기고 감추고 있다가 발각되면 법에 따라 큰 처벌을 받는다면서 하나씩 회수해 간다.

이웃의 한 형제는 전투기 앞바퀴 부분을 어렵게 건져 와서 큰돈이 생길 줄 알고 매우 좋아하다가 꼼짝없이 반납하고 만다. 그리고 낙하산을 가져가서 부푼 꿈을 꾼 그 어른도 결국 모두 자진 반납하면서 힘만 들이고 부품 꿈은 허망하게 사라진다.

가끔 굉음을 쏟아 내면서 아이가 신나게 놀던 마당 위를 멋지고 빠르게 날던 전투기이다. 그러나 결국 이 치욕적인 모습을 가까이에서 보는 불상사를 마주하게 된 것이다.

하지만 어른들은 조종사의 기지가 훌륭하다면서 그렇지 않았으면 우리 동네가 불바다가 되었을 수도 있다며 천만다행이라고 혀를 찬다.

바닷물에서 건진 볏단들

전날 늦장마가 쏟아진 후 잠시 날씨가 갠 사이 이상하게도 동네 사람들이 하나둘 가까운 바다의 갯둑으로 모여든다.

이 바다는 남쪽과 북쪽으로 물줄기를 나누면서 각각 민물인 작은 천을 만들며 갈라진다. 그런데 그 한쪽인 북향으로 가면 인근을 지나는 큰 천(내)의 물줄기와 이어지고 결국 서해와 이어지게 된다.

그날은 비가 짧은 시간에 집중적으로 너무 많이 내려서 그 천 주변의 넓은 뜰에 큰 홍수가 났다. 그래서 뜰에 벼를 베어서 잠깐 쌓아 놓은 볏짚단이 천의 넘친 물을 따라 흘러 그대로 바다로 쓸려 내려온 것이다.

그나마 밀물 시간대라서 바로 서해로 내려가지 않고 밀려오는 밀물을 따라 동네 앞의 갯벌까지 밀려온다. 이렇게 바닷물에 둥둥 떠 있다가 게를 잡으러 갯벌에 간 동네 사람에 의해서 발견된 것이다.

이 소식을 전해 들은 동네 사람들이 하나둘 몰려나와서 그 벼를 갈퀴로 긁어모아 갯둑으로 건져 올린다. 그리고 지게와 우마차를 이용하여 집으로 부지런하게 옮겨 나른다.

남들보다 더 많은 볏단을 모아서 가져가기 위해 다른 이와 경쟁이라도 하듯이 열심히 오간다. 이렇게 집으로 가져간 벼는 민물로 간단히 닦아내고 볕에 말렸다가 탈곡하고 방앗간에 가져가서 귀한 쌀을 얻는다.

넓은 바닷가 한편에 둥둥 떠 있는 많은 볏단은 그 소유자를 정하기도 사실상 곤란하여 결국 먼저 건져 올린 사람이 주인이 된다.

그렇게 뒷이야기는 많으나 그해에는 여러 집에서 생각지도 못한 특별한 부수입을 얻는 횡재를 하게 된 것이다.

  남의 불행이 이렇게 다른 사람에게는 기쁨이 되는 아주 이상한 일을 하늘이 비를 통하여 만든 것이다. 그러면서 사람들의 마음과 행동을 가만히 지켜본 것인지도 모른다고 아이는 혼자서 생각한다.

  이렇게 어처구니없는 일들은 항상 우리 주변에 불현듯 일어나면서 많은 생각을 하게 한다.

> 같이 걸어 줄 누군가가 있다는 것,
> 그것처럼 내 삶에 절실한 것은 없다.
> – 이정하 〈동행〉 –

가설극장에 공짜 입장하기

경찰지서 앞의 신작로를 가로질러 가면 오래된 뾰족 성당으로 오르는 마찻길의 초입 오른편에 소방서 마당이 넓게 자리하고 있다.

그곳에 농번기가 지나면 막대 기둥 몇 개를 세우고 나서 커다랗고 하얀 천으로 된 포장을 둥글게 쳐 울타리를 만든 가설극장이 읍내에서 들어온다.

그러면 한두 달이 넘게 긴 기간 동안 이웃 동네까지 전전하며 영화를 선전하고 사람들을 모은 후 여러 편의 영화를 상영한다.

그런데 읍내에서 따라온 힘센 깡패들이 기도라고 출입문에서 입장표를 받는 일을 하는데, 무단으로 입장하거나 시비를 거는 동네 청년들과 대항하여 통제하기도 한다. 그리고 인근 농촌에는 동네마다 애먹이는 못된 청년들이 더러 있는데 이들을 힘으로 제압해야 한다. 그래야만 가설극장을 정상적으로 영업할 수 있기에 그들도 중요한 한몫을 하는 것이다.

가설극장에 들어가고 싶은 동네 친구들은 돈이 없어서 궁리 끝에 결국 둘러친 포장을 뚫고 밑으로 기어들어 간다. 그렇지 않으면 칼이나 날카로운 것으로 포장을 살짝 찢고 들어가는 새치기를 해야만 한다.

이에 성공하면 가슴 두근거리는 짜릿한 공짜 영화 감상을 하는 것이고 만약 지킴이에게 걸리면 땅에 무릎 꿇고 앉아서 사정없이 머리를 조아린다. 그러다가 머리통을 몇 대 쥐어박히고 양손을 들고 앉아서 한동안 동네 사람들 앞에서 창피를 당해야 한다.

가설극장이 떠나고 나면 친구들은 각기 성공담을 늘어놓거나 천막 안으로 진입을 시도하다가 걸려서 된통 혼난 것을 원망하는 불평을 털어놓기도 한다.

아이는 집에서 세를 사는 경찰지서 순경을 찾아가서 눈을 바쁘게 돌리며 눈치를 살피면 그 순경은 바로 의미를 알아차린다. 그리고 손목을 잡고 그 깡패들이 지키고 있는 가설극장 출입문으로 데리고 가서 "어이~ 아이 하나 들여보내라."라고 한다.

그러면 그들은 "예~" 하고 군말 없이 들여보내 주고 아이는 그런 기회를 종종 이용해서 매번 공짜로 영화를 즐긴다.

그때 영화는 큰 칼을 멋지게 휘두른 무협 영화 〈쌍검무〉라는 영화와 일본군과 치열하게 싸워서 승리하는 독립군의 활동을 그린 〈두만강아 잘 있거라〉가 인상 깊게 남는다. 그리고 너무나 슬퍼서 온 동네 사람들이 굵은 눈물을 짠 어린이 영화 〈저 하늘에도 슬픔이〉도 깊은 감명을 준다.

이러한 영화는 오랫동안 기억 속에서 아지랑이가 피어오르듯 가물거리면서 행복한 추억을 만들어 준다.

생각하는 대로 살지 않으면, 사는 대로 생각하게 된다.
- 명언 한 줄 -

✦ 가설극장 영화 훔쳐보기 ✦

아이의 집은 동네에서 가장 넓은 소방서 마당이 어렴풋이 내려다보이는 곳에 친구네 집과 텃밭을 사이에 두고 가까이 이웃하고 있다.

어느 해에 아이의 집에 매번 세를 살던 경찰지서의 순경이 다른 곳으로 떠나서 가설극장에 무료로 입장하는 기회가 사라진다.

그런데 마침 이웃인 친구 집의 지붕에 올라가면 가설극장을 둘러싼 하얀 포장을 넘어서 저만치 멀지만 영화 스크린이 보인다. 비록 소리(오디오)는 잘 안 들리나 상상력으로 감상하는 데에는 전혀 무리가 없다. 그래서 그곳에서 영화를 볼 수 있다는 묘수를 개구쟁이 아이는 놓치지 않고 찾아낸다. 그리고 그 친구를 꼬드겨서 함께 영화를 즐긴다. 이윽고 서너 명의 아이와 친구들이 영화가 시작하는 시간에 맞춰 그 집 '돼지울간'의 지붕을 통하여 도둑놈처럼 벌렁대는 가슴을 누르고 지붕 꼭대기에 살그머니 오른다.

그리고 한 줄로 나란히 턱을 지붕 꼭대기 이엉에 대고 스크린을 향하여 엎드린 채 두리번거리며 주변을 살핀다. 그러다가 영화가 시작하자 귀와 눈을 스크린에 집중해서 맞추고 영화 삼매경에 빠진다. 시간이 지나면서 한 친구는 코를 골며 저 멀리 상상의 나라로 꿈 여행을 떠나지만 아이는 이에 개의치 않는다.

다음 날 친구 아버지는 "어떤 놈들이 오래되어 푸석푸석한 지붕을 밟고 다녀서 다 망쳐 놓았다." 하면서 큰 소리로 욕설을 내뱉으며 화를 내고 난리를 치신다.

아침 일찍 친구 집에 놀러 갔던 아이는 이를 보고 슬그머니 뒤돌아서 정신없이 함석집 큰 마당으로 내뺀다. 그날 내내 불안한 마음으로 목자치기를 하지만 도저히 집중되지 않고 한동안은 혹시나 들킨 것이 아닌가 하는 마음에서 친구 집에는 얼씬하지 못한다.

새 짚으로 이엉을 만들어 올린 새 지붕은 문제가 없으나 1년 이상 오래된 이엉은 삭아서 푸석푸석하고 으스러진다. 그러면 비가 올 때 지붕에 물이 새기도 하면서 커다란 문제가 생기는 것을 아이도 익히 잘 알기 때문이다.

> 우리는 하루하루를 보내는 것이 아니라,
> 우리가 가진 무엇으로 채워 가는 것이다.
> - 존 러스킨 -

✦ 숨죽인 연애편지 심부름 ✦

 일반 극장 건물의 단단한 벽과는 다르게 엉성한 하얀 천으로 둘러서 공간을 만든 가설극장 내에는 의자나 지정된 자리가 없다. 그래서 입장한 자가 각자 조그마한 자리를 가져가서 적당한 곳에 선착순으로 자리를 잡으면 자기의 자리가 된다.
 한편 가설극장의 한복판에는 나뭇가지로 약간 높다란 임시 망루가 있다. 그곳이 바로 스크린을 향해 강한 빛을 비추는 영사기가 올려져 있는 곳이다.
 그 주변에는 많은 사람이 앉거나 서서 스크린 화면에 몰입하며 훌쩍훌쩍 울기도 하고 때론 껄껄거리며 옆 사람을 힐금힐금 쳐다본다.
 한편 그들 사이에는 이 동네 저 동네에서 모여든 다수의 청춘 남녀들이 들뜬 마음을 누른 상기된 표정을 하고 연신 눈치를 살피고 있다.
 그들의 관심은 오직 다른 한 가지 목적에 꽂혀 있는데 이들은 뒷줄에서 이리저리 서성이며 영화보다는 짝을 만드는 연애에 온통 관심 가질 뿐이다. 그래서 동네 형이나 누나에게 어떻게 하면 서로 속마음이라도 전할 수 있을까? 하면서 안달이 나 있다.
 이럴 때 동네에서 신망 있고 똘망똘망한 아이는 매우 인기 있는 중매쟁이가 된다. 그러던 중 어떤 동네 형이 "야! 이리 와 봐, 이것을 저기 빨간 옷 입은 누나에게 전해 줘. 알았지?"라고 한다.
 이렇게 가슴을 설레게 하는 조그만 쪽지를 아무 생각 없이 전해 주는 꼬맹이 메신저인 아이는 아주 덤덤하게 임무를 완수한다. 그러고는 영화도 보면서 왕 눈깔사탕 하나씩 얻어먹는 호사도 즐겁게 함께 누린다.

  이처럼 도시와 내왕이 적은 시골의 선남선녀에게 가끔 들어오는 이 가설극장은 유일하게 서로를 만나서 사랑을 잉태하는 따뜻한 포대기가 되는 것이다.

어제 비로 오늘의 옷을 적시지 말고,
내일 비를 위해 오늘 우산을 펴지 말라.
- 김대규 《사랑과 인생의 아포리즘 999》 -

5. 못다 한 이야기

가슴이 뛰는 삶을 살아라.

- 명언 한 줄 -

이상한 소꿉장난

일반적으로 동네 친구들은 또래끼리 소꿉놀이하면서 자기들만의 세상을 만들고 그 세계에 흠뻑 빠진다.

아이도 5~6세 정도가 되던 때 친구 집에서 재미있는 소꿉놀이를 하면서 놀았다.

그러던 어느 날 '박 아무개'의 집 마당에서 그 집의 딸과 부잣집 손자인 친구와 한 짝이 된다. 그리고 다른 여자애는 아이와 짝으로 정하고 두 쌍이 되어서 소꿉장난을 한다. 이렇게 짝을 짓는 소꿉놀이는 가끔 이루어지는 일이다.

이런 소꿉놀이를 할 때면 어른들이 갯벌에서 잡아 온 조개와 대합(조개)의 껍질이 흔히 밥그릇으로 애용된다. 그리고 주변에서 나뭇가지를 잘라 수저로 만들어 밥상을 차리고 둘러앉아서 맛있는 음식을 먹는 시늉을 한다.

이렇게 한쪽 구석에서 한참을 놀던 박 씨네 집 여자아이는 별안간 바지와 속옷을 무릎 아래로 내리라고 하더니 자기도 내린다.

그러더니 마주 서 있던 자기와 짝인 사내아이를 빤히 쳐다보면서 무심히 한마디 말을 던진다.

"야~ 이제 네가 오줌 눠야 하는 거야."

그러자 사내아이는 어정쩡하게 서서 손으로 허리춤을 잡은 채 아리송하고 멍한 표정으로 "나 지금 안 나오는데." 하고 대답한다.

그러자 몇 번을 그렇게 다그치던 여자아이는 "아이~ 할 수 없구먼." 하면서 내렸던 바지를 허리까지 추켜올린다.

그러고는 "야~ 저리로 가자." 하면서 냉큼 자리를 옮기고 다른 놀이에 빠진다.

이 광경을 옆에서 슬그머니 곁눈으로 본 아이는 "이게 무슨 일이지?" 하는 표정으로 참으로 이상하다는 눈치를 보이면서 머리를 갸웃거린다.

이런 아이의 아주 어린 기억은 한참 동안 남아 있다가 많은 시간이 흘러 성인이 되고서야 비로소 빙그레 웃음을 지을 수 있게 된다.

세상에서 쉬운 것은 없다. 근데 못 할 것도 없다.
- 명언 한 줄 -

구호품 잠바의 번데기 단추

　겨울철에는 어느 집이나 안방의 온돌을 데우는 난방이 어렵고 그 땔감이 부실하여 북풍한설의 매서운 추위를 오직 깡으로 견디어야 한다. 그리고 추위를 막아 주는 옷도 변변치 못하여 형제가 많은 집에서는 형이 입던 것을 대대로 물려받는다.
　아이는 위로 누나만 셋이라서 물려받는 옷도 없어서 두툼한 구색을 갖춘 따뜻한 겨울옷이 별로 없다.
　그러던 어느 날 성당의 미국인 신부님이 구해 온 겨울 잠바를 엄마가 구호품으로 하나 얻어 온다. 이것은 따뜻하고 아주 멋진 잠바인데 단추가 일반 단추가 아니고 나무를 깎아서 번데기 모양으로 만든 것이다.
　잠바는 안쪽에 지퍼가 있으나 바깥에는 단춧구멍 대신 길고 두꺼운 끈으로 번데기 모양의 단추를 걸게 되어 있다. 그리고 목 부분부터 아래로 좌우 두 줄로 6개의 단추가 이어져 있다.
　이렇게 여섯 개의 줄은 앞의 좌우에 예쁘게 달린 번데기 모양의 단추에 걸어서 매면 몸을 포근하게 감싸 준다.
　어머니가 성당에서 가져온 이 잠바를 아이가 얼른 입어 보니 서양인의 규격이라서 약간 크고 팔의 길이도 조금 길다. 그러나 아이가 갖고 있던 어떤 겨울옷보다 두툼하고 새것이며 특히 마음에 들어서 하늘을 날 것같이 좋다.
　그러면서 평소 존경하고 따르던 신부님을 다시 한번 감사하게 생각하며 더욱더 마음이 따뜻해지는 것을 느낀다.

아이는 겨울철을 애써 기다리다가 이 연한 회색빛을 띠던 잠바를 얼른 꺼내서 자랑스럽게 입고 밖으로 뛰어나가 친구들과 어울린다. 그러면 곁에 있던 다른 친구들도 멋지다고 한마디씩 한다. 그러면서 부러운 눈치를 보이며 다가와서 손으로 은근슬쩍 옷깃을 만져 보곤 한다.

그러나 한 2년쯤 지나니까 아이의 몸이 좀 커진 데다 상대적으로 옷이 작아지고 해져서 더 이상 입지 못하여 아쉬운 마음으로 버린다.

그러나 나무를 5단으로 점차 작아지고 둥그렇게 깎아서 만든 그 조그만 고등색의 번데기 모양 단추는 가장 멋진 옷의 상징으로 아이에게 깊게 각인된다.

소중한 것은 가까이에 있다.
- 명언 한 줄 -

회갑 잔칫날 족제비 사건

　동네에서 한약방을 하는 아이의 외할아버지는 고풍의 기와집 사랑채에서 항상 친구들과 바둑을 두시며 곰방대를 물고 이야기를 나눈다.
　겨울철에는 방을 데우는 화로에 담긴 뻘건 장작불이 타고 있고 그 남아 있는 불로 담뱃불을 붙이기도 한다.
　이렇게 본가와 이어진 이 사랑채에는 많은 한약재 함이 벽에 바둑판처럼 있다. 그래서 은은한 한약의 냄새가 온통 방 안을 살짝 돌아서 풍기는데 그 향내가 아주 좋다.
　그러던 어느 날 외할아버지가 60세 환갑이 되어서 하루 동안 동네잔치를 열게 된다. 그래서 동네 아줌마 여러 명이 모여서 한참 동안 집 안에서 여러 가지 음식을 바쁘게 준비하며 분주하게 시간을 보낸다.
　그런데 어디선가 별안간 족제비 한 마리가 안마당 한구석에 나타나서 번쩍이는 두 눈으로 두리번거리다가 담 쪽으로 눈치를 살피며 슬그머니 움직인다. 마침 이때 집안일을 돕던 힘 좋은 머슴이 이 족제비를 발견한다. 그리고 재빨리 근처의 절구통에 있던 절구를 들어서 그 족제비를 향해 힘차게 던진다.
　그런데 불행인지 다행인지 족제비는 절구에 정통으로 맞아 그 자리에서 즉사하고 만다. 그러자 머슴은 어깨에 힘을 잔뜩 주면서 아무런 말도 없이 그 축 늘어진 족제비를 집 밖의 후미진 곳에 내다 버린다.
　이후 동네 사람들이 흥겹게 즐긴 환갑잔치가 무사히 끝나고 가족들이 모여서 이런저런 담소를 나눈다. 그러다가 이 무용담을 듣게 된 외할아버지는 깜짝 놀라시며 소스라친다.

그러면서 "좋은 날에 나온 업족제비를 잡으면 어쩌냐?" 하시며 노발대발하시는데 아이는 태어나서 그렇게 화를 내시는 모습은 처음 봐 은근히 놀랜다.

그 이후 외할아버지는 이상하게도 시름시름 편찮으시다가 대략 여섯 달 후쯤에 여럿의 자식들과 이별하고 하늘나라로 돌아가신다.

동네 사람들은 이런 사실을 알게 되면서 아무리 생각해도 너무나 이상하고 기이한 일이라고 쑥덕거린다.

장미꽃 백 송이는 일주일이면 시들지만,
마음꽃 한 송이는 백 년의 향기를 뿜는다.
- 김수환 추기경 -

✦ 멋진 오픈 군용 지프차 ✦

　제법 많은 집들이 사이좋게 어깨동무하고 둘러앉아 살며시 정을 나누던 곳이 아이가 사는 동네의 모습이다. 한편 얼굴이 시커멓게 탄 고만고만한 동네 아이들이 우르르 경찰지서 앞 신작로에서 뛰어다니며 놀고 있다.
　어디선가 한 친구가 한 곳을 향해 손짓하며 큰 소리로 외친다. "와 찝차다~" 이 소리에 아이도 후다닥 급하게 목을 돌려 그쪽을 바라본다.
　신작로 바로 아래 양철 지붕인 부잣집 앞마당 한쪽에 긴 안테나가 앞으로 휜 군용 지프차 한 대가 혼자서 도도하게 서 있다.
　너무나 멋진 국방색에 날렵하게 각진 자그마한 지프차의 뻘건 번호판에는 금빛 별 하나가 박혀서 번쩍이며 온통 마음과 눈을 빼앗는다.
　그 집 큰아들의 계급이 별 한 개인 육군 장군으로서 자기 부모를 뵙기 위해 집에 온 것이라고 동네 어른들이 말씀하신다. 그 장군은 동네에서 가장 성공한 분으로 아주 칭송되고 있는 유명한 분이라고 한다.
　더구나 그 장군은 자기를 낳아 주신 친부모가 아닌 양부모를 이렇게 친자식처럼 모시는 것이라고 한다.
　장군인 아들이 아기일 때 데려다가 키워 준 양부모님에게 정성을 다하여 공경하는 것인데 아이는 이것을 아직 정확히 이해하기 힘들다. 그러나 이렇게 무슨 의미인지는 모르나 특별한 이유 없이 이상하게도 아이에게 왠지 가슴에서 깊은 울림을 준다.
　그리고 시골에서 버스나 트럭도 보기 힘든 시절에 그 지프차는 어린아이들에게 아주 강한 이미지를 기억에 심어 준다.

그래서 한동안 성공과 효도의 의미로 기억되는 안테나가 '확~' 휜 지프차는 성장하면서도 언제나 아주 강하게 인식하게 된다.

그렇게 긴 안테나와 지붕이 열린 국방색 빛나던 지프차는 아이의 눈앞에 생생하게 그려지며 언제나 '부웅~' 하고 힘차게 달릴 준비를 하고 있다.

마음도 쉬어야 넓고 부드러워진다.
- 명언 한 줄 -

아침에 사라진 방패연

 가을 추수가 끝나는 시기에 아이는 적당한 장소를 찾아 동네 친구들과 항상 연을 만들어 띄우는 것이 연례행사다. 이때 머리가 조금 큰 애들은 방패연을 하늘 높이 날리고 아직 어린 친구들은 가오리연을 이리저리 뛰어다니면서 창공에 휘날린다.
 방패연을 만들기 위해서는 먼저 대나무를 가늘게 쪼개 일정한 굵기로 다듬은 후 휘어 보면서 굵기의 차이를 칼로 깎아 가며 조정한다.
 이렇게 만든 2개의 긴 대와 그보다 작은 대 2개를 적당한 크기의 문창호지와 함께 미리 준비한다. 그런 후에 먼저 종이는 일정한 크기의 직사각형 모양으로 자르고 중앙에 적당한 크기로 맞춘 동그란 구멍을 낸다.
 이때 종이는 가볍고 질긴 문창호지를 쓰는데 간혹 이렇게 만든 방패연의 전체적인 모양을 이용하여 태극 문양과 같은 그림을 그려 넣기도 한다.
 그리고 미리 준비한 긴 대는 방패연을 만드는 종이에 대고 X 자로 붙인다. 그다음 짧은 대는 종이의 머리에 가로로 하나 붙이고 중앙 허리에도 하나 대서 옆으로 단단히 풀을 이용하여 붙인다.
 그런 후 머리에 붙인 대나무 양 끝에 실을 연결하고 살짝 연이 휘도록 팽팽하게 당긴다. 이렇게 단단히 고정한 다음에는 실을 이용하여 연의 귀를 만들어야 한다. 그런데 중요한 것은 이 귀와 아래쪽 중앙에 맨 연실을 들면 삼각형이 되어야 한다는 것이다.
 이 연의 귀를 매는 것은 연의 높이와 거리를 조절하고 연이 창공에서 빙빙 돌지 않고 바르게 하늘을 향해서 오르게 하는 가장 중요한 기술이다.

한편 톱으로 자른 나무토막으로 사각형 또는 팔각형 모양의 연실 감개를 손수 멋지게 만들어 연실을 감아서 두툼하게 한 후 멋진 모양과 실을 한껏 자랑한다. 이것은 각자가 다른 모양으로 만들고 색칠도 해서 서로가 자랑하는 아주 귀한 소장품이 되기도 한다.

이처럼 방패연을 높게 띄우고 팽팽한 연줄에서 느끼는 짜릿한 긴장감은 정말 대단해서 마음도 들뜨게 한다.

그러던 어느 날 아이는 집 뒤편으로 방패연을 높게 띄운 후 한참 동안 즐기다가 저녁때가 되어서 밥을 먹기 위해 방 문고리에 연줄(실)을 묶어 논다. 식사 후에도 계속하여 해가 지는 저녁 하늘에 높이 떠 있는 방패연을 확인하고는 안심한다.

그래서 단순하게 밤이 새도록 연을 띄워 두어도 되겠다는 생각에 연을 그대로 두고 잠을 잔다.

다음 날 아침에 일어나 보니 웬일인지 연과 실이 하늘에서 보이지 않아 화들짝 놀란다. 얼른 살펴보니 연은 땅에 떨어졌고 연줄은 뒷담 너머로 땅에 축 늘어져 있는 것이다. 이에 아이는 무척 당황하여 황급히 연줄을 당기니 어딘가에서 걸리다가 이내 끊어져 짧은 연줄만 회수된다.

이렇게 아이는 생각이 깊지 못해서 그동안 아깝게 애지중지하던 긴 연줄을 모두 잃어버리는 대참사를 겪었다. 창공의 바람이 항상 같지 않고 시간에 따라 변한다는 자연의 이치를 아직 모르는 어린 철부지가 어이없고 어리석은 실수를 한 것이다.

기러기 사냥하는 미군

　한겨울이 다가오면 철새들이 따뜻하고 안락한 삶의 터전을 찾아 자기의 고향으로 떠난다. 이때 동네 앞 논과 이어진 바닷가 창공을 높이 나르면서 어디론가 행하는 기러기 떼는 정말 장관이다.
　우두머리가 맨 앞에서 이끌면 그 뒤에서 옆으로 마치 긴 '브이 자(V)' 형태를 그리면서 높고 파란 하늘을 힘차게 가른다.
　동네에서 멀지 않은 근처에 미 공군 부대가 우리 땅을 지켜 주기 위하여 주둔하고 있다. 그래서 가끔 그들 몇 명이 이 기러기를 사냥하기 위해서 엽총을 가지고 지프차로 아이가 살고 있는 동네의 갯둑에 나타난다.
　총을 하늘로 향한 채 반듯하게 갯둑에 누워서 대기하다가 기러기 떼가 '끼륵 끼륵' 상공을 지나면 발사해서 땅으로 떨어뜨린다. 그러면 그들 옆에서 흥분하며 대기하고 있던 얼룩무늬의 날렵한 사냥개가 재빠르게 기러기를 물어다가 주인에게 준다.
　그런데 하늘 높이 나는 기러기는 작게 보이지만 실제로 가까이에서 보니 생각했던 것보다 훨씬 크고 무거워서 깜짝 놀란다. 항상 아이를 포함한 동네 친구들은 기러기가 집에서 키우는 닭 정도의 크기로 알고 있었기 때문이다.
　동네 친구들은 진짜 자기들의 키보다도 크고 멋진 엽총을 들고 얼굴이 하얀 미군들을 생전 처음 보고 이를 아주 신기하다면서 우르르 쫓아다닌다. 그러면 그들은 잡은 기러기를 자랑스럽게 보여 주며 알아들을 수 없는 말로 손짓하며 의기양양하게 자랑한다.

아이는 덩치도 크면서 얼굴이 하얗고 유독 푹 들어간 푸른색 두 눈동자를 가진 이들을 오랫동안 기억하게 된다.

등으로 짊어지면 짐이 되지만,
가슴으로 안으면 사랑이 된다.
- 명언 한 줄 -

자치기와 부모님 마음

큰 마당에 모인 동네 아이들 몇몇은 편을 둘로 나누어서 자치기에 정신 줄을 놓는다.

이 놀이는 짧은 나무토막과 긴 막대를 준비한 후 야구하듯이 짧은 나무토막을 긴 자치기 막대로 쳐 내 그 거리를 긴 자치기 막대로 재는 놀이다.

먼저 짧은 나무토막은 10센티 정도의 길이로 양쪽을 서로 반대의 각도로 비스듬히 깎아서 만든다. 그리고 이렇게 양 끝을 대각선으로 깎아 놓았기에 땅에 놓으면 짧은 나무토막의 한쪽이 당연히 살짝 들린다. 그 상태에서 긴 자치기 막대로 그 끝을 살짝 치면 그것이 위로 튀어서 솟아 오르게 만든 것이다.

그리고 이 자치기 긴 막대는 길이 1미터, 지름 3센티 정도의 나무로 만들며 이것은 위로 튀어 오르는 짧은 나무토막을 쳐 내기 위한 것이다.

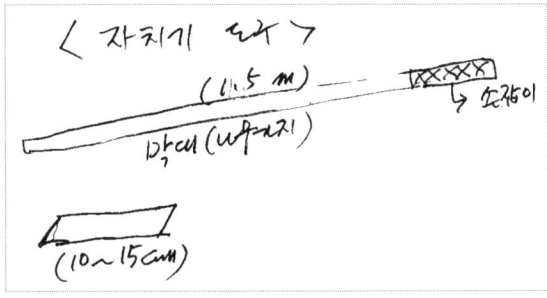

이러한 자치기는 먼저 흙을 조금 길쭉하게 파내고 짧은 나무토막을 가로로 놓는다. 이때 땅에 놓인 짧은 나무토막이 수평이 되도록 해야 하는

데 이는 준비한 자치기 긴 막대를 그 중앙에 대고 힘차게 떠 내야 하기 때문이다.

이렇게 긴 자치기 막대를 손에 쥐고 힘차게 들어 올리면 짧은 나무토막은 공중으로 나르면서 수비하는 쪽으로 간다. 그러면 이것을 수비하는 편에서 잡아내야 하는데 이때 손이나 옷 등 어떠한 물건을 이용해도 상관없다. 그래서 이것을 잡아내지 못하면 이어서 2차 공격이 시작된다.

이는 긴 자치기 막대로 미리 파 놓은 작은 구덩이에 세로로 놓인 짧은 나무토막의 들린 부분을 살짝 친다. 그러면 짧은 나무토막은 튕겨서 위로 올라오는데 이때 긴 자치기 막대로 힘 있게 때려서 수비하는 방향으로 보내면 된다.

그러면 짧은 나무토막의 낙하 예상 지점에서 수비하던 상대편이 날아오는 나무토막을 손으로 받아야 한다. 만약 날아오는 짧은 나무토막을 받아 내면 공격자는 아웃이 되고 즉시 공격과 수비가 교대된다. 그러나 그것을 못 받아 내면 그 짧은 나무토막이 떨어진 곳까지의 거리를 긴 자치기 막대를 굴려 가면서 재 그 횟수만큼 점수를 획득한다.

한편 계속해서 공격할 기회를 잡은 팀은 다음 두 번째 게임으로 이어진다.

이번에는 짧은 나무토막을 한 손에 쥐고 있다가 이를 공중에 살짝 던져 놓고 땅에 떨어지기 전에 긴 자치기 막대를 크게 휘둘러 멀리 쳐 내는 것이다.

역시 짧은 나무토막을 수비하는 상대가 받지 못하면 그것이 땅에서 떨어진 곳에서부터 공격한 지점까지 긴 자치기 막대로 그 거리를 재서 점수를 획득한다.

이때 거리를 재는 방법은 긴 자치기 막대를 연신 굴리면서 몇 바퀴인가를 세는 방법으로 한다. 이렇게 결국 두 차례의 점수를 모두 합하여 더 멀리 짧은 나무토막을 보낸 편에서 승리하는 게임이다.

그런데 이 놀이는 공중으로 빠르게 날아오는 짧은 나무토막을 받으려고 애쓰다가 그만 얼굴에 맞아 심하게 다치기도 한다.

그래서 부모님이 가장 염려하는 위험한 놀이 중 하나로 이 놀이를 한다고 하면 꾸중을 듣는 친구들이 아주 많다. 특히 치명적으로 눈 부위에 맞아서 실명하거나 얼굴에 크고 작은 흉 자국을 남기는 일이 종종 발생하기도 한다.

그래서 자치기는 부모님 몰래 즐겨야 하는 위험한 놀이지만 아이는 이에 굴하지 않고 언제나 재미있게 즐긴다.

세상에 시시한 인생은 없다. 어디에도.
- 이철수《이철수의 작은 선물》-

첫 상경이 남긴 아쉬움

 아이가 중학교 3학년 여름 방학 때 생애 처음으로 서울이라는 대도시에 가게 된다. 서울 변두리인 구로동 지역에 있는 소방서 옆에서 큰형이 누나들과 함께 단독 주택에 세를 내서 살고 있었다.
 아이는 나름 큰 뜻을 품고 고입 시험에 대비하려고 한 달간 서울의 학원에 다니기 위해 온 것이다. 그리하여 서울에 올라온 지 3일 만에 영등포 역전 아래편에 있던 꽤 유명한 '○○학원'에 등록하여 공부를 시작한다.
 이 학원의 같은 반에는 공부하는 학생이 남녀 모두 합하여 10여 명이다. 처음 보는 서울 학생들은 얼굴도 뽀얗고, 모직으로 만든 새카맣고 아주 멋있는 '엘리트' 교복을 입고 있다.
 그러나 아이는 검은색으로 염색한 무명천으로 1학년 때 풍만하게 만든 교복을 입고 있다. 그런데 3학년이 되니 교복이 작아지고 검은색도 허옇게 바래서 다른 학생들이 보기에 창피하여 기가 잔뜩 죽었다.
 그리고 같이 공부하는 반에 여학생이 한 명 있는데 그 여자아이는 너무나 예뻐서 모양과 색깔이 잘 어울리는 사복을 입은 모습은 마치 하늘에서 내려온 선녀와 같았다.
 그런데 같은 학원의 한 남학생과 친구처럼 아주 친하게 지내는 사이여서 아이는 부럽기 짝이 없다.
 어느 날 그 학생 둘이 한강으로 같이 스케이트를 타러 가기로 약속하는 말을 아이가 우연히 엿듣게 된다. 그 순간 알 수 없는 질투심과 부러움으로 샘이 나서 이후 몇 날을 허망한 꿈만 꾸면서 지낸다.

그러면서 아이처럼 시골이 아니고 대도시인 서울에서 넉넉한 가정 형편으로 학교도 다니고 생활하는 그들이 정말로 부럽다고 느낀다.

그렇게 서울에서 1개월간의 학원 과외는 큰 소득도 없고 완전히 시간만 낭비한 채 지나가고 만다. 또한 새로운 환경에 적응하는 것이 쉽지 않고 많은 시간이 필요하다는 것도 생전 처음으로 알게 된다.

중학교 3학년이라는 중요한 여름 방학 동안에 학교에서 하는 과외를 했으면 어떠했을까? 하면서 후회도 한다. 그렇게 커다란 아쉬움만 남기면서 정말 중요한 시기를 잘 활용하지 못하고 괜히 헛되게 보내는 큰 실수를 하게 된다.

그러나 아이가 본 예쁜 학생의 선녀 같은 모습은 사춘기인 남아의 눈 속에서 한동안 떠나지 않고 남아 있으면서 이성에 대하여 순수하고 싱싱한 꿈을 꾸게 된다.

인생이란 어디로 가느냐가 중요한 것이 아니라,
누구와 가느냐가 중요하다.
- 명언 한 줄 -